I0198578

Pietro Nelli

Roma

Salaria

Falacrina

Roma
2009

1

Copyright © 2009 by Pietro Nelli Roma
I edizione finita di stampare luglio 2005
II edizione finita di stampare luglio 2009

Roma – Cittareale 2005-2009

Nessuna parte di questa opera può essere memorizzata, fotocopiata o comunque riprodotta senza le dovute preventive autorizzazioni dell'autore; chiunque faccia uso o favorisca tale pratica commette un illecito perseguibile a termini di legge.

Le fotografie di pagina 23 25 38 39 94 95 e gli elaborati tecnici di pagina 24 e 25 sono stati riprodotti per gentile concessione dell'Amministrazione del Comune di Cittareale.

Ringraziamenti:
- *a mia moglie (Paola) che con le sue amorose insistenze mi ha spinto giorno dopo giorno ad ultimare questo lavoro;*
- *ai miei figli (Tiziana e Francesco) che con il loro prezioso contributo d'idee mi hanno permesso di superare alcuni momenti di stanchezza;*
- *ai miei amici più cari (Paola, Ugo, Giuliana , Tito, Franca e Levino) che mi hanno incoraggiato a concludere questo libro;*
- *all'amico (Andrea) che nella prima edizione per errore non avevo citato;*
- *a tutti quelli che in grande o piccola misura hanno fornito un qualsiasi aiuto per condurre a termine questo impegno preso tanto tempo fa.*

3

PREFAZIONE

Scrivere una prefazione al libro del proprio genitore, non è facile, in genere sono i padri che scrivono le presentazioni per i figli, per me poi la difficoltà è doppia in quanto generalmente le prefazioni non le leggo perchè sono ansioso di cominciare a "divorare" il libro. La nascita di questo libro si perde nei miei ricordi di bambino, quando mio padre cominciò a raccogliere le prime informazioni, grazie anche all'amicizia con Don Augusto Rampazzo, sulla nostra famiglia, sulle nostre origini, sulla storia di questa valle. Per colpa della sua professione, mio padre è stato "costretto" a vivere a Roma, ma il suo affetto è sempre stato rivolto a questa magica e splendida valle, nella quale trascorreva le sue vacanze estive da ragazzo, partendo da Roma a Giugno e restando a Cittareale fino a Settembre. Poi la vita si sa come va, matrimonio, figli (io e mia sorella Tiziana), tutte quelle cose belle, che ti portano però a non frequentare molto i luoghi giovanili. Il lavoro che fa, imprenditore del settore Informatico, impegna ogni attimo della sua giornata. Insomma il tempo è poco, su ci viene di rado e allora ha iniziato a documentarsi, magari per avere quella sensazione di benessere che uno ha, quando beve ad una delle nostre sorgenti o quando si sporge da Colle Nasso per ammirare tutta la pianura. La passione per questi luoghi, la si legge nei suoi occhi, quando vede che io vengo a trascorrere su le mie vacanze, trasudano felicità e invidia, felicità nel sapere che frequento quei posti, invidia, se così si può definire, perchè vorrebbe poter tornare a Cittareale più spesso. Come ha iniziato a scrivere questo libro è difficile dirlo, un pò per curiosità, un po' per hobby, ma soprattutto per passione, per la voglia di scoprire fatti e persone che hanno popolato queste terre. Quella volontà di sapere chi aveva calcato le nostre strade e i nostri campi prima di noi, chi aveva pescato i gamberi al Velino mille anni fa, chi aveva avuto modo di ammirare un alba sulla cima del monte Boragine. La curiosità di capire chi avesse dominato e controllato la nostra vallata nei secoli scorsi, sapere se Federico II fosse mai stato a Cittareale, sapere la storia delle pietre che compongono ogni stalla dei nostri paesi. Sapere le origini delle famiglie che ancora oggi abitano qui, insomma tutta una serie di curiosità che ti prendono ed a cui vuoi dare una risposta, lo hanno fatto avvicinare a capire e carpire segreti e virtù della nostra vallata. Lo si perdoni quindi *se commetterà qualche errore, ma come dicevo prima, questa non è la sua professione, ma solo la sua passione, anche se credo alla fine sia riuscito a raggiungere un risultato di conoscenze apprezzabile, spero comunque (e ne sono sicuro!) che il futuro riservi positivi sviluppi alla nostra vallata, con gli scavi che a breve cominceranno, sono sicuro che verranno alla luce molte cose, ancora da noi sconosciute e inimmaginabili. Questo è il suo primo libro, non so se ne scriverà altri sulla storia di Cittareale o su chissà cos'altro, quello che so è che qui, ha cercato di raccogliere tutte le notizie provandole e confutandole, senza assumere nessuna informazione per "oro colato". Le informazioni da lui reperite sono tante e molto interessanti, ha scoperto cose ormai dimenticate, ha fotografato particolari ai più sconosciuti, ha tradotto documenti, ha letto libri ma soprattutto è riuscito a ricostruire quasi completamente la storia della nostra valle Falacrina. Una storia ricca ed importante, che merita una attenta lettura. Spero che tra quaranta, quattrocento, mille anni, ci sia ancora tanta gente interessata a scrivere di Cittareale, e interessata a conoscere la sua storia, lui il suo contributo, seppur piccolo e modesto, lo ha dato, spero che ogni lettore stimolato dalle sue righe, voglia dare il suo. Buona lettura.*

Francesco Nelli

INDICE

LA STRADA

Dionisio o Dionigi di Alicarnasso (60 a.C. ca.–7 a.C autore delle Antichità romane e Strabone di Amaseia Pontica (63 a.C.-20 d.C. ca.) geografo greco sostenevano che la grandezza del popolo romano fosse dovuta alla realizzazione di opere di pubblica utilità. In particolare, quelle pubbliche che, diremmo oggi, davano una grande visibilità all'impero romano, erano: le strade, gli acquedotti e le cloache. Le principali vie di comunicazione, seguendo spesso i corsi dei fiumi, furono costruite principalmente per due motivi: mercantile e militare. Roma aveva bisogno di muovere le proprie legioni con la massima celerità per raggiungere e tenere sotto controllo i confini dell'impero. Marcus Vitruvius Pollio (Marco Vitruvio Pollione), architetto romano, del I secolo a.C. nel De architectura afferma che i principi fondamentali per la realizzazione di una strada sono: la solidità, l'utilità e la bellezza. Il viaggio per le legioni in particolare doveva essere, oltre che il più rapido possibile, anche agevole; ecco perché le vie romane di grande comunicazione furono lastricate: con grosse e larghe pietre di basalto. In tempo di pace, spesso, i legionari, professionisti che formavano l'esercito romano e rimanevano sotto le armi da 16 a 25 anni, per facilitare i propri spostamenti costruivano essi stessi le strade, ne rafforzavano i margini, abbattevano ostacoli, tagliavano i costoni delle montagne (le cosiddette "tagliate" quella in località Masso dell'Orso vicino Posta è una delle più suggestive perché la roccia è stata scavata per una lunghezza di circa 21 metri e per una altezza di 30), livellavano i terreni, costruivano ponti ed ogni altra opera necessaria per ottenere un piano agevolmente percorribile a piedi,

Ostacoli naturali presso Sigillo.

a cavallo o con carri. Ogni strada romana, aveva una struttura ben precisa e si sviluppava in modo più o meno rettilineo in pianura, seguendo il corso dei fiumi non appena il terreno si presentasse accidentato. La costruzione di una nuova strada richiedeva, comunque, un grosso impegno tecnico, pertanto, si studiavano: il terreno, gli ostacoli da scavalcare o eliminare, i consolidamenti da apportare, i rafforzamenti dei cigli, e poi si dovevano prevedere i canali di sgrondo con semplici canalette per il deflusso delle acque oppure nei casi di un flusso idrico più abbondante, dovuto a piene o proveniente dalle pendici delle montagne, si creavano dei chiavicotti, si dovevano creare protezioni per evitare possibili frane e così via.

10

Chiavicotto di epoca augustea presso Sigill

Originariamente le dimensioni delle strade erano addirittura sancite dalle leggi delle XII Tavole (primo catalogo scritto del diritto romano) promulgate nel 451 a.C.: "La larghezza delle vie (servitù di passaggio con veicoli) è di otto piedi nei tratti rettilinei, di 16 piedi nelle curve". La larghezza media della carreggiata andava dai 4 ai 6 metri, ed era generalmente delimitata ai lati da paracarri, al di là dei quali potevano correre due marciapiedi (margines) laterali di 2/3 metri circa o anche più larghi. La massicciata aveva uno spessore che andava dai 90 ai 120 cm, ed era formata da tre strati di pietre sempre più piccole, legate con malta (ciò per ottenere una maggior resistenza e durata nel tempo) generalmente erano rifinite dal piano stradale lastricato, costituito da uno strato di blocchi di pietra spianati e accostati. L'attuale termine strada deriva da "viae strata" cioè via lastricata. Non tutte le strade erano lastricate, anzi alcune erano solo ricoperte da terra battuta e sassi.

11

Tratto della Salaria all'interno di un laghetto di pesca sportiva vicino Cotilia.

Una volta definito il tracciato, la costruzione iniziava con lo scavare un "letto" tra due solchi che ne delimitavano la larghezza entro il quale sarebbero stati posati i vari strati di pietre. Lo strato più basso, era composto da pietre molto grandi ed era detto "statumen", il secondo chiamato "rudus"

A poca distanza da Posta, a metà strada tra il Tirreno e l'Adriatico, si conserva il LXIX miliario costituito da un cippo troncoconico su base quadrata datato 9 a.C..

era formato da ciottoli di medie dimensioni, il terzo da ghiaia mista ad argilla detto "nucleus", ed il quarto era il vero e proprio manto stradale chiamato "pavimentum": esso era composto da lastre grosse e piatte adagiate in orizzontale, ma con una forma lievemente convessa per facilitare lo scolo delle acque piovane, verso le canalette laterali, sempre presenti nelle vie cittadine. Ogni mille passi, cioè ogni miglio romano (pari a 1.480 metri) una pietra di forma cilindrica alta fino a 3 metri con diametro 60-80cm. detta "pietra miliaria" indicava al viaggiatore il nome del console costruttore della via, il numero di miglia percorse da Roma e talora la distanza della città più vicina. Secondo il Diritto romano il transito sulle strade era libero. Sin dall'epoca dell'Imperatore Ottaviano Augusto (Roma 63 a.C. - Nola 14 d.C.), era compito del "Curator Viarum" della Provincia di appartenenza, la cura ed il mantenimento della strade con l'aiuto obbligatorio degli abitanti del luogo. I Romani non si servivano delle strade solo ad uso militare, ma anche per estendere i commerci che a Roma erano in grande espansione. I Romani avevano bisogno di vie di comunicazione per agevolare lo spostamento delle merci e dei mercanti ed, inoltre, per far viaggiare la posta. Lungo le strade si affacciavano: le "tabernae" botteghe che avevano un bancone spesso di pietra, rivolto verso la strada e sui mobili o scaffalature venivano messi in mostra i prodotti da vendere. Accanto al banco per le attività che commercializzavano prodotti alimentari vi era un fornello con un pentolone pieno di acqua calda, nel retro c'erano la cucina e i locali per la consumazione. Le "popinae", invece, erano delle bettole, osterie, taverne dove il vino veniva servito ai tavoli solo per accompagnare i pasti; simili alle popinae erano le "cauponae", o osterie di campagna dove si poteva far sosta per mangiare e dormire. Lungo le strade si trovavano due tipi di stazioni di posta per il "cursus publicus": la "mutatio", adibita solo per il cambio dei cavalli, e la "mansio", posto di rifornimento d'acqua e di biada per i cavalli chiamata così (dal verbo "manere"=sostare) aveva funzioni di accoglienza, di ristoro e di alloggio per viaggiatori e per il servizio postale pubblico e privato comprendeva ambienti di vario genere con porticati all'interno di ampi cortili circondati da "cubiculae" (stanze), "tabernae", "cauponae", "stabulae" (stalle) qualche volta erano provviste di impianti termali e piccoli edifici di culto. La "mansio" poteva raggiungere le dimensioni di un centro abitato. Di norma le "mutationes" erano dislocate ogni 7 o 9 miglia, nei luoghi più popolosi, e 10 o 12 negli altri, il range 7-9 10-12 dipendeva dalla possibilità che offriva la strada con la sua dislocazione, le "mansiones", invece, distavano tra loro un giorno di viaggio. Inoltre, lungo le strade c'erano le "stationes" che erano un luogo di sosta simile alla "mansiones" ma più piccole, alcuni studiosi credono che le "stationes" abbiano avuto origine dai posti di guardia per la sorveglianza del territorio, avevano, pertanto, una funzione non solo civile ma anche militare. Le "mansiones" erano poste lungo le strade ad intervalli regolari 20-25 km in funzione delle difficoltà del percorso. Si raggiungeva Falacrina da Roma in cinque giorni attraverso le "mansiones" (ad Novas attuale Osteria Nuova, Reate, Interocrium) poste lungo la Salaria. La strada si articolava da Roma per Fidenae, Eretum (Montelibretti), Vicus Novus o ad Novas (Osteria Nuova), Reate, Cutiliae, Interocrium (Antrodoco), Forum Decii (Bacugno), Phalacrine (Cittareale), Ad Martis (o Ad fanum Martis attuale Arquata), Ad Centesimum (Quintodecimo), Ascolum per giungere infine a Castrum Truentinum (San Benedetto del Tronto). Per il trasporto della posta esistevano due sistemi: mediante corrieri a cavallo la posta imperiale "cursus publici"; o utilizzando carri trainati da cavalli o muli "cursus velox" che permettevano di coprire fino a 120 Km al giorno. I servizi postali, in epoca repubblicana, erano sotto la sorveglianza del "censor" i censori erano due ed erano incaricati di fare il censo, ossia di registrare i nomi e gli averi dei cittadini romani; sorvegliavano gli appalti e i costumi del "curator" sovrintendente nel periodo imperiale. Questi funzionari curavano, inoltre, la manutenzione delle strade e l'attuazione della normativa inerente la tutela del patrimonio e della circolazione. Molte strade romane derivano il loro nome dalla funzione commerciale a cui erano adibite o dalla località a cui si dirigevano e che in alcuni casi vengono definite consolari: la via Ardeatina (per Ardea), la via Labicana (per Labicum), la via Gabina chiamata poi Prenestina (per Gabii e Preneste), la via Collatina (per Collatia), la via Tiburtina (per Tibur), la via Ficulensis (per Ficulea) poi chiamata Nomentana (per Nomentum). Gran parte delle autostrade e delle strade importanti attualmente usate in Europa ricalcano piuttosto fedelmente il tracciato delle strade romane e spesso ne conservano addirittura il nome. La Salaria deve la propria denominazione alla sua antica funzione di rifornimento del sale. Essa terminava a Rieti baricentro dell'Italia "medio totius Italiae" come diceva l'erudito Marcus Terentius Varro Marco Terenzio Varrone (Rieti 116 a.C. – 27 a.C.). Il suo tracciato, fu ed è l'asse di congiunzione fra il mar Tirreno e, dopo il 16 a.C. per volontà di Augusto, il mare Adriatico.

Tratto di strada romana ottimamente conservata rinvenuta nel giugno 2005 sulla riva sinistra del Tevere a poche miglia dalle saline di Ostia sulla via del mare.

Questa strada permetteva la comunicazione tra la costa occidentale Romana, cioè le saline di Ostia con l'interno dell'Appennino, per rifornire di sale quelle popolazioni che ne avevano necessità per se stessi e per i loro armenti. Il sale, fondamentale per l'insaporimento dei cibi, era, inoltre, il modo principale di conservazione degli alimenti. La via Salaria è antichissima ed esisteva già nel IV secolo a.C. e partiva dalla porta Collina. Tito Livio (Padova 9 a.C. - 17 d.C.) libro VII. cap.II nomina la Salaria "Eo certe anno Galli ad tertium lapidem Salaria via trans pontem Anienis castra habuere".La via Salaria secondo l'itinerariumAntoninii" finiva ad Adria (Hatria) nel piceno, attraversando tutta la Sabina, ciò è vero, però si tratta della via Caecilia che si dipartiva da Interocrium, attraverso Amiternum giungendo ad Hadria. Numerosi ritrovamenti e scoperte passate e recenti ci testimoniano che nel corso dei secoli il tracciato della Salaria non si è mai discostato da quello creato dai sabini-romani come sostiene Niccolò Persichetti in "Notizie degli scavi di antichità" Roma 1905,. Dopo Rieti la Salaria raggiungeva Antrodoco e salendo su verso i monti "Burbures altos montes" come dice Varrone attraverso Forum Decii (o Deciani di Decio a dieci miglia da Introdoco) l'attuale Bacugno raggiungeva Forum Ecri l'attuale S. Croce e bordeggiando il fiume Velino passava sotto Marianetto a "li Puilli" quindi correva tra la chiesa di S. Silvestro ed il fiume. Più avanti attraversato il bosco della

15

Meta giungeva ad una statio poco prima di Torrita. Nel secolo passato con le nuove tecniche costruttive per la realizzazione di sopraelevate e gallerie, il percorso è mutato ma non sostanzialmente.

LA LEGIONE

La base dell'esercito romano era la Legione (la parola deriva da "legere" scegliere), suddivisa in centurie, unità di 100 uomini; due centurie costituivano un manipolo, tre manipoli una coorte; 10 coorti formavano una legione quindi 6000 uomini. Roma arrivò ad avere nel III° secolo d..C. una trentina di legioni. Ad ogni legione si affiancava, come unità di appoggio, la cavalleria: 300 cavalieri suddivisi in 10 squadroni, che per la loro snellezza numerica e agilità di manovra effettuavano operazioni di fiancheggiamento, di esplorazione e soprattutto di inseguimento del nemico quando fosse stato sconfitto e messo in rotta. L'esercito romano era anche molto specializzato; fra i legionari, oltre che i combattenti veri e propri, molti avevano una loro specifica mansione: vi erano ingegneri, topografi, architetti, carpentieri, oltre a genieri, fabbri, cuochi, infermieri, portatori d'acqua e addetti al trasporto di armi, carriaggi, vettovaglie. Il più alto simbolo delle legioni romane era l'aquila, simbolo di potenza e dominio per eccellenza. L'aquila è stato da allora l'emblema simbolo di tutte le grandi potenze nei secoli. Si può facilmente immaginare che per muovere una legione con tutte le sue necessità si dovevano utilizzare almeno un migliaio di animali (cavalli muli buoi). Se i movimenti delle truppe avvenivano lungo le coste le salmerie venivano trasportate usando la flotta lungo la costa o la riva del fiume. Ad occuparsi degli animali e dei carri erano i "calones" servi dei legionari, portabagagli in numero pari agli animali da governare. Lo spostamento della legione attirava nelle proprie retrovie mercanti, prostitute, famiglie dei soldati, ecc.: si trattava di un microcosmo romano in movimento. Per Flavio (o Publio) Renato Vegezio, vissuto fra la fine del IV e l'inizio del V secolo d.C., l'ars bellica, cioè l'arte di prevedere qualsiasi cosa potesse accadere durante il combattimento e l'esercizio quotidiano nel ripetere le mosse da fare in battaglia, era la chiave di volta che assicurava la vittoria nelle guerre. L'esercizio continuo dell'uso delle armi, la disciplina degli accampamenti, l'uso e l'esperienza nell'attività militare sia dal punto di vista tattico che strategico resero famoso e temuto l'esercito romano. I legionari ed i loro addetti venivano puniti severamente se si rendevano autori di inadempienze di qualsiasi tipo; la disciplina per i romani era ferrea. Inoltre, la conoscenza dell'arte militare rendeva il legionario più sicuro dei propri mezzi e dei propri movimenti infondendogli quindi un maggior coraggio nel campo di battaglia dovuto all'allenamento ripetuto di tutte le possibili mosse e contromosse fino a farle diventare azioni naturali. E infatti nelle battaglie l'esercito, per quanto piccolo, se esperto, facilmente arriva alla vittoria, mentre se inesperto e ignorante è sempre esposto al massacro, meno numerosi e con forze inferiori, facendo irruzioni e imboscate, sotto buoni se non ottimi comandanti, (i Romani) spesso riportavano la vittoria. L'esercito si muoveva con tutto il supporto logistico in termini di vettovaglie, viveri, materiale da costruzione, tende e tutto quanto utile per permettere spostamenti in territori lontani. Quando la legione arrivava nella zona prescelta ciascun soldato iniziava immediatamente a portare a termine il compito di propria pertinenza poiché gli era già noto e lo aveva eseguito più volte in precedenza. Ogni legionario oltre che soldato doveva essere un esperto artigiano. Il primo compito della legione, una volta giunti sul posto, era realizzare nel più breve tempo possibile l'accampamento. Tale costruzione avveniva attraverso soluzioni e schemi collaudati ed estremamente dettagliati, in maniera tale da ottenere il massimo profitto con il minimo sforzo, a tal punto che, un accampamento poteva essere attrezzato in due ore. I legionari ponevano i vertici del quadrato in cui si sarebbe realizzato il campo, ad una distanza di 1500 piedi (450m. ca.). Lungo i confini così delimitati, venivano innalzate le palizzate fatte di tronchi d'albero appuntiti in cima ed un fossato per rendere più alto il lato di attacco.

Augusta Taurinorum TORINO

Augusta Pretoria AOSTA

Ciascun legionario aveva un compito ben preciso pertanto provvedeva insieme agli altri a posizionare e montare le tende all'interno del perimetro. Il Castrum percorso da due strade (il "cardo" da N-S ed il "decumanus maximus" da O-E) che dividevano il campo in quattro quadranti. Due, dei tantissimi, esempi di accampamento romano giunti fino ai nostri giorni sono Aosta (Augusta Pretoria) e Torino (Augusta Taurinorum). All'interno del "castrum" si poteva accedere e quindi procedere solo se in possesso di parole d'ordine. Queste parole d'ordine erano gestite dal "tesserarius", che trasmetteva la parola d'ordine o gli ordini dei comandanti. Le quattro torri di sorveglianza con sentinelle, erano ubicate ai quattro angoli dell'accampamento. La disposizione degli alloggi dei legionari all'interno del campo seguiva rigidi schemi, si utilizzavano tre diverse tipologie di tende: il

19

"contubernium", tenda del Legionario, rimasta uguale per tutta la lunga storia dell'esercito romano, aveva una base quadrata di dieci piedi, capace di ospitare al suo interno otto legionari più le armi e l'equipaggiamento. Naturalmente i materiali venivano trasportati dagli animali; il mulo, per la sua capacità di resistenza, era il mezzo per eccellenza usato per trasportare le tende ed altro materiale. I teli del "contubernium" erano fatti di lino e rinforzati con cuoio nei punti prossimi alle legature ed alle parti che poggiavano sui pali di sostegno. Le tende venivano issate molto vicine tra loro in modo da: poter incrociare paletti e corde e realizzare una struttura solida e coesa. La tenda del centurione, comandante la centuria, leggermente più grande di quella del legionario era anch'essa trasportata da un mulo e da un'inserviente, il quale era addetto, anche, alla cura personale dell'ufficiale. La tenda del generale aveva dimensioni tali da poter accogliere i centurioni per le riunioni, nel corso delle quali si pianificava lo schieramento dell'intera legione sul campo di battaglia e si prevedevano mosse e contromosse dei propri legionari e dei nemici in modo tale da evitare al massimo, le possibili perdite di propri uomini. Per ciascuna legione il senato aveva concesso una perdita massima di 250 uomini l'anno, ovvero il 4 percento dell'intera forza, anche perché, questa era la capacità di reclutamento concessa dalla legge. Pertanto tutto doveva essere studiato nei minimi particolari. "Roma non aveva un'esercito, Roma era un esercito". Con questa frase il sociologo americano Talcott Parsons sintetizza in poche parole quale fosse l'importanza dell'ars bellica per i romani. Lo schieramento della legione in campo avveniva collocando in prima fila gli "hastati" (da "hasta", lancia, arma successivamente rimpiazzata dal "pilum", un giavellotto più leggero, facile da lanciare e con la particolarità di piegarsi dopo il primo lancio, potremmo definirla "arma monouso", in maniera tale che avrebbe sortito il duplice effetto da una parte non poter essere riutilizzato dai nemici per rilanciarlo contro e dall'altro che, piegandosi a novanta gradi, rendeva lo scudo infilzato, praticamente inutilizzabile). La principale arma offensiva era il pilum o giavellotto. Per il combattimento ravvicinato c'era il gladius, spada corta usata di punta e portata sul fianco destro. Il fianco sinistro era coperto dallo scutum rettangolare e convesso che offriva al corpo la massima protezione. Nella seconda linea erano disposti i soldati più esperti e meglio addestrati, i "principi" (primi, principali); nell'ultima fila stavano piegati a terra i "triarii" (triari), i veterani di riserva. Durante la battaglia, i "velites" (véliti), portavano l'attacco in ordine sparso armati di daga e fionde davanti agli astati. Una volta esaurita la veemenza iniziale portata dai véliti questi lasciavano il posto alla fanteria pesante. Toccava per primi agli astati affrontare l'urto corpo a corpo con l'esercito avversario. Le forze in campo erano schierate a scacchiera sulle tre linee; nel corso dei combattimenti, se il nemico opponeva una certa resistenza, venivano spostati in avanti i manipoli dei principi rafforzando quindi gli spazi intermedi lasciati tra gli astati. In genere con questa mossa la pressione dei combattimenti aumentava e la resistenza del nemico si esauriva, lasciando così la via alla vittoria dell'esercito romano. Se la lotta continuava con esito incerto, avanzavano in ultimo i triari, che venivano usati quando le sorti della battaglia volgevano al peggio, più forti e sperimentati che controllavano che non ci fossero arretramenti o defezioni. I legionari indossavano una corazza a strisce e piastre metalliche "lorica segmentata" che proteggeva la parte superiore del corpo sotto questa vestivano una tunica di lana a maniche corte e lunga fino al ginocchio. In testa avevano l'elmo "galea" e ai piedi pesanti sandali di cuoio guarniti con borchie "caligae". I legionari per incutere paura al nemico schierato colpivano ritmicamente lo scudo con il "gladius" mentre avanzavano con passo cadenzato. Ancora oggi nella scuola di polizia francese per affrontare gli scontri di piazza vengono insegnate queste tecniche di avanzamento. Inoltre, marciando il "cingulum", cintura in cuoio con borchie in bronzo od altro materiale metallico fermata in vita da una grossa fibbia, con delle file di cuoio anche queste metalliche portate a protezione dell'inguine emettevano un rumore che spesso impauriva a tal punto l'esercito avversario che questo si arrendeva.

FALACRINA

L'ubicazione di Falacrina (nel corso dei secoli la troviamo con i nomi: Falacrinum, Falacrine, Falacrino, Falagrino, Falagrina, Falagnino, Falarina, Falarino oppure Phalacrinae, Palacrinis) penultimo vicus sabino (l'ultimo vicus è Badies) non è stata ancora accertata con sicurezza e finchè non saranno riportate alla luce le antiche testimonianze nessuno potrà affermare con certezza l'esatto sito. Molti studiosi nel passato l'hanno ubicata tra Greccio e Contigliano, altri tra Cittaducale ed Antrodoco altri ancora ritengono possibile che i ritrovamenti, di Torrita di Amatrice siano la parte venuta alla luce di questa grande città (Falacrinae). Tali ritrovamenti eseguiti a metà del secolo scorso mostrano un complesso quadrangolare verosimilmente di età flavia che sul lato est presenta muri paralleli allo stilobate con ambienti di evidente uso termale per la presenza delle "suspensurae" (la suspensura è una colonnina "pilae" di mattoni di sezione quadrata o circolare, sostiene il pavimento e vi forma sotto una intercapedine, un vuoto, in cui può circolare l'aria calda per il riscaldamento dell'area sovrastante). A sud si osservano altri ambienti di forma irregolare con tracce di pavimentazione in "opus spicatum" (spina di pesce). I Romani, per orientarsi negli spostamenti, usavano delle semplicissime ma utilissime guide stradali dette, "itineraria". Queste carte erano di uso comune, spesso non erano altro che la elencazione delle località, che si susseguivano lungo un percorso e la relativa distanza tra di esse. Talvolta si usavano "itineraria picta" cioè illustrate, poichè descrivevano i percorsi terrestri o marittimi attraverso la successione delle località indicandone la distanza ed eventuali altre informazioni relative a fiumi, insediamenti e costruzioni.

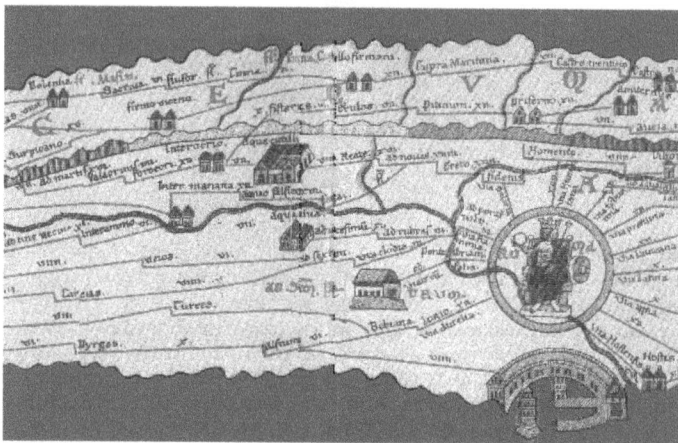

Frammento della Tabula Peutingeriana

Di queste è giunta a noi una copia, la cosiddetta Tabula Peutingeriana, dal nome del suo antico possessore, Konrad Peutinger. Tale documento, attualmente conservato nella Biblioteca Nazionale di Vienna sotto il nome di Codex Vindobonensis 324, è un rotolo di pergamena che rappresenta una carta stradale. Fu rinvenuta nel 1507 da Konrad Celtes, bibliotecario dell'imperatore Massimiliano I, il luogo del ritrovamento resta tuttora ignoto, mentre la sua denominazione corrente la si deve al secondo proprietario, il cancelliere di Augsburg. Si tratta della più completa e precisa testimonianza geografica pervenutaci dal mondo romano. Anche se trattasi di una trascrizione medioevale di datazione incerta compresa fra l'XI e il XII secolo. Il reatino Mariano Vittori (1518-1572), con l'opera "De antiquitatibus Italiae et urbis Reatis", afferma, senza ombra di dubbio, che l'antica Falacrinae, terra natale di Vespasiano, era presso S. Silvestro di Cittareale. Inoltre, dagli atti del congresso internazionale di studi vespasiani, tenuto a Rieti nel settembre 1979, Vincenzo Di Flavio in "la gens flavia nella tradizione locale", sostiene "Possiamo, inoltre, aggiungere, che il Cappello, che si è occupato soltanto dei toponimi, rafforza l'idea di Falacrinae ubicata a Collicelle in quanto pone a circa un miglio a nord-est di Accumuli Cose (o Cosa), in prediis cosanis (poderi presso Cosa) della nonna di Vespasiano Tertulla, dove crebbe il futuro imperatore dell'impero Romano, e aggiunge che il luogo Cose si chiamava così ancora all'inizio del XVI secolo, in seguito venne

24

chiamata S. Pancrazio, per una cappella rurale costruita in onore del santo. La presenza del futuro imperatore nei predi cosani sortì l'effetto di sancire una sorta di gemellaggio, da cui derivò la non mai interrotta amicizia fra gli accumolesi e i "discendenti di Falacrino", cioè i Civitarealesi". Oltre agli "itineraria picta" i romani usavano gli "itineraria adnotata" che riportavano nomi e distanze come l'Itinerarium Antonini (III sec. d.C.).

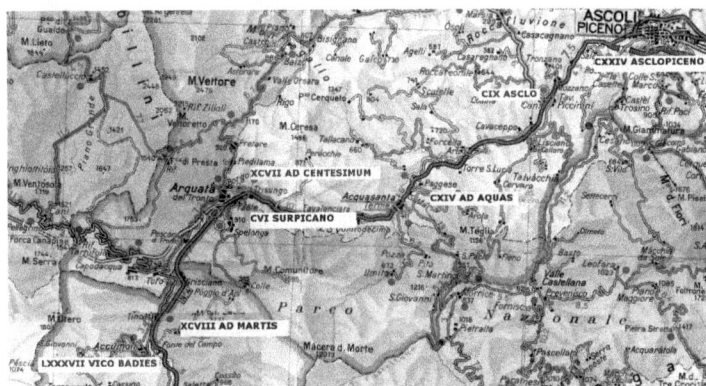

Luoghi degli itineraria da Acquasanta ad Ascoli Piceno

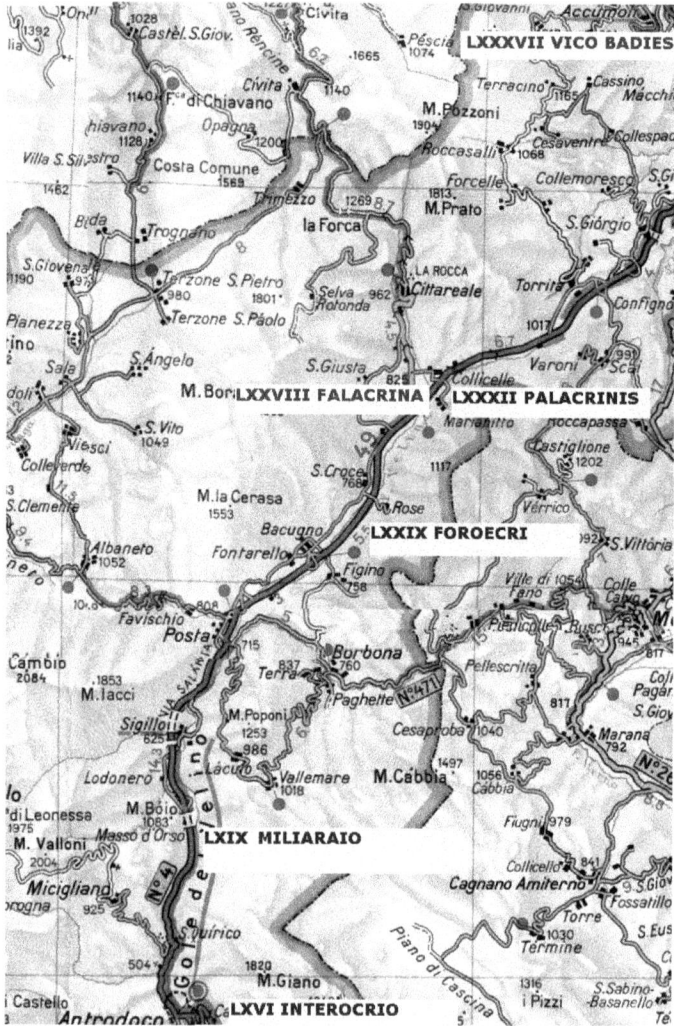

Luoghi degli itineraria da Antrodoco ad Acquasanta

26

Confrontando le due misurazioni, giunte fino a noi, della Tabula Peutingeriana e dell'Itinerarium Antonini Augusti qui riportate.

Tabula	ROMA	Itinerarium
66	INTEROCRIO	62
79	FOROECRI	
82	PALACRINIS-FALACRINA	78
	VICO BADIES	87
98	AD MARTIS	
	AD CENTESIMUM	97
105	SURPICANO	
114	AD AQUAS	
124	ASCLOPICENO-ASCLO	109

Nella prima colonna è stata riportata la distanza in miglia romane espresse nella tabula, la seconda colonna riporta la descrizione del luogo e nell'ultima colonna viene riportata la distanza presente nell'itinerarium. Non si può non notare che in ambedue i documenti le distanze tra Interocrio e Palacrinis/Falacrina è di XVI miglia, essendo un miglio romano pari a metri 1.480 moltiplicandolo per 16 si ottiene la distanza espressa nel sistema metrico decimale pari a Km. 23,68. Tale, infatti, è la misura che intercorre ancora oggi tra Antrodoco e Collicelle.

Misure lineari romane		
piede - pes		0.296m
passo - passus	5 piedi	1.48m
stadio - stadium	125 passi	185m
miglio - milium	8 stadi	1.480m

In due bolle papali la prima di Anastasio IV (1153 – 1154) nel 1153 e la seconda di Lucio III (1181 – 1185) del 1182 sui confini della diocesi di Rieti, si parla di S. Silvestre in Falagrino chiesa parrocchiale con 6 canonici, come di una chiesa ricostruita su ruderi di tempio pagano che potrebbe risalire al III secolo. Il monte che sovrasta questa chiesa si chiama Tito, è un'altro elemento che induce a pensare che Falacrina fosse ubicata in questa valle, e che il nome del monte gli sia stato dato a suo tempo in onore dell'imperatore.

Abside della cripta.

Per quanto detto sinora anche noi siamo convinti che l'antica Falacrina sia ubicata nel territorio di Cittareale. La facciata della chiesa di S. Silvestro è esposta ad ovest. Le dimensioni della chiesa sono modeste 12m x 20m composta da un corpo maggiore in cui c'è il luogo di culto a fianco aggiunta c'è la sacrestia questa poggia le sue fondamenta su di una cripta. A Collicelle la Chiesa è dedicata a San Silvestro I vescovo di Roma dal 314 al 335. Il suo fu un pontificato tranquillo teso a trasformare Roma da pagana in cristiana. Sotto il suo pontificato si celebrò il concilio ecumenico di Nicea (325), che proclamò, contro l'eresia Ariana, la fede nella divinità di Cristo. Sotto il suo pontificato tutti i luoghi di culto Romani vennero sostituiti da edifici ecclesiastici. Papa Silvestro I dimorò a lungo in Sabina.

E non sarebbe lontano dal vero se qualcuno avanzasse l'ipotesi che le varie chiese erette in sabina intitolate a S.Silvestro siano state opera dello stesso papa e quindi chiamate chiese di papa Silvestro e poi una volta proclamato santo, il nome si sia trasformato in quello attuale. Su pressione di Papa Silvestro I, Costantino avrebbe fondato la basilica di San Pietro là dove è oggi in Vaticano sulle mura di un preesistente tempio di Apollo, tumulando il corpo dell'Apostolo in un sarcofago di bronzo. Dello stesso periodo la realizzazione delle Basiliche di San Paolo e di San Giovanni a Roma. Nel piano sottostante la sacrestia della chiesa di S. Silvestro c'è una cripta.

Così viene descritta la cripta in una lettera del 1837 trovata nell'archivio parrocchiale "una stanza antica, quasi intera e d'architettura romana". Tale luogo è stato identificato secondo la tradizione locale con il sepolcro di Domitilla, terzogenita di Vespasiano, morta in giovane età. Nell'abside trova posto una finestra così come ciascun vano, a metà parete, ha una finestra strombata più larga all'interno e più stretta verso l'esterno. Questa tecnica costruttiva venne abbandonata dopo il secolo VIII d.c.. Il diametro

dell'abside è pari ad 7 piedi romani. La cripta oltre l'abside è formata
da tre vani di base quadrata di 7 piedi più un vano murato.

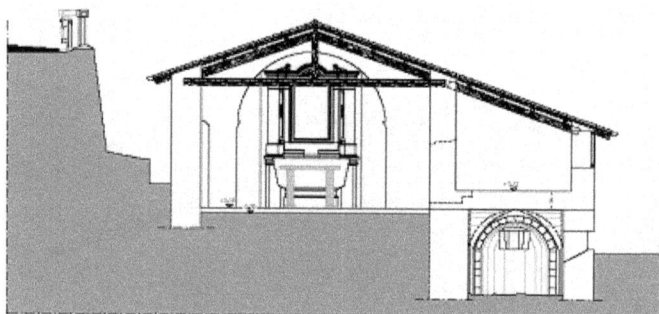

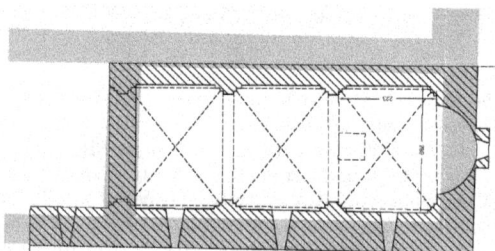

PLANIMETRIA PIANO INTERRATO - scala 1:50

Per scendere nella sottostante cripta occorre utilizzare una scala di
almeno 6 metri di altezza. Il sotterraneo della chiesa è accessibile
attraverso un'apertura posta nel pavimento della sacrestia.

La pietra con cui è costruita la cripta è disposta a faccia vista
ciascuna pietra è allineata ed è della stessa dimensione di quella posta
alla stessa altezza. Tutte le pietre risultano, inoltre, essere ben
rifinite.

Botola per accedere alla cripta

Una finestra della cripta

Come si può notare la cripta, più antica, è posta quasi interamente sotto il piano di campagna attuale e scavando anche in questo luogo almeno un paio di metri potremmo avere ulteriori importanti ritrovamenti.

I SABINI

La Sabina é stata da sempre abitata, le testimonianze ed i ritrovamenti di insediamenti umani ed attrezzature (coltelli, asce, punteruoli, scalpelli ecc.) in selce sono da attribuirsi al periodo Paleolitico (2.500.000 a. C. -30.000 a.C.). La gente che da sempre ha popolato queste terre è, il fiero, religioso, laborioso, concreto Sabino. I Sabini, sembra, siano giunti dalla costa Adriatica; Marcus Porcius Cato Catone crede che il primo insediamento di essi fosse intorno ad Amiternum, nel versante occidentale della conca aquilana, presso l'odierno San Vittorino ove si trovano le rovine di questa città dei Sabini che, come vedremo in seguito, nel 293 a.C. fu conquistata da Roma. I Sabini occuparono la fertile valle del Velino e vi si stabilirono. Da qui sembra che scendessero verso il basso Tevere e venissero così, con l'andare del tempo, in contatto con la nuova città di Roma. Hanno, inoltre, fondato intorno al X - IX secolo a.C., le città di "Reate" (Rieti), "Trebula Mutuesca" (Monteleone Sabino) e "Cures Sabini" (lance sabine curis = lancia) tra Talocci e Passo Corese. Nell'antichità molti popoli, e tra questi i Sabini, credevano che l'origine di ogni cosa derivasse dalla natura ed ogni aspetto della vita e delle forze di questa, veniva percepito come derivante da un dio superiore che sovrintendesse al fenomeno stesso. Le popolazioni di ceppo sabino, stanziate fin dall'età del ferro nelle regioni appenniniche dell'Italia centrale, praticarono per secoli l'attività della caccia e la raccolta dei frutti spontanei; poi passarono all'addomesticamento degli animali e quindi a primordiali forme di agricoltura. L' antico popolo dei Sabini, stanziato in età preromana lungo la dorsale appenninica della penisola italica, è caratterizzato secondo gli eruditi latini Marco Terenzio Varrone e Plinio il Vecchio, dal profondo spirito di religiosità, da cui deriva l'obbedienza alle leggi ed il rispetto della parola data: lo stesso nome di Sabini deriverebbe dalla radice indoeuropea - sab, che corrisponde al verbo greco sebestai (= venerare). Da questa valle i popoli sabini sono sempre stati in contatto con la città di Roma. Gran parte della storia latina in età antica ruota intorno a Cures Sabini, ai miti ed alle leggende che hanno contornato i primi contatti tra sabini e romani. La sabina presentava due volti: da una parte c'era la Sabina tiberina, quella di Cures caratterizzata dai bracciali e dagli anelli d'oro dei sui guerrieri, contrapposta alla povera sabina montuosa, quella di Rieti, di Norcia, di "Amiternum", che venne in contatto con il mondo romano molto più tardi, agli inizi del III secolo a.C. Le due sabine erano diverse economicamente, geograficamente e climaticamente. Tali differenze sono rimaste immutate nei secoli giungendo fino ai nostri giorni con le stesse sostanziali diversità. Cures Sabini, grazie alla posizione tra il fiume Tevere e la strada Salaria che porta verso i monti dell'Appennino centrale, diventò un punto di riferimento e di affari, arrivando ad espandersi fino ad occupare ben trenta ettari.

Lago di Paterno

Inoltre controllava tutte le terre circostanti, che fornivano prodotti agricoli. Si espande ancora dall'VIII secolo al VI a.C., quando Eretum, che si ergeva sulla collina di Casacotta nel comune di Montelibretti andò incontro ad un periodo di decadenza, dopo la disfatta dell'esercito sabino avvenuta nel suo territorio ad opera di Tarquinio il Superbo. L'allevamento degli animali e la coltivazione delle piante erano fortemente condizionati dagli eventi metereologici. In epoca remota i popoli credevano di poter scongiurare i fenomeni atmosferici sfavorevoli attraverso la cerimonia religiosa del "ver sacrum" (primavera sacra). Alcuni studiosi sono certi che nel lago di Paterno (Lacus Cutiliae) il rituale fosse eseguito con il sacrificio di esseri umani. Marco Terenzio Varrone lo definì Ombelicus Italiae. Inoltre, sul Lago vi era uno dei più importanti templi dedicati al culto della dea Vacuna. Tale rito consisteva nell'offrire e/o consacrare agli dei le primizie dei campi ed alcuni capi del gregge dei nuovi nati in primavera per ingraziarsi le divinità della natura, che presiedevano l'avvicendarsi delle stagioni e dominavano la forza degli elementi. Più tardi questo rituale si trasformò in un esodo sacro a cui partecipavano i giovani maschi e femmine che, al tempo della loro nascita, erano stati dedicati agli dei. In questo modo, si otteneva un contenimento della pressione demografica e contemporaneamente una espansione territoriale dell'influenza Sabina. Da questo sacro rito sabino si vennero a formare i Piceni, i quali erano giovani a cui era stato assegnato come animale-guida la gazza (pica pica), gli Irpini, che avevano come animale simbolico il lupo (hirpus), gli Equicoli, il cui animale totemico era il cavallo (equus), i Vultures, che, guidati da un avvoltoio (vultur), dettero il nome alla regione del Volturno. Dai sabini discesero alcuni tra i principali popoli italici, quali: gli Ernici, gli Equi, i Marsi, i Sabelli, i Sanniti ed altri.

35

LA FONDAZIONE DI ROMA

La leggenda narra che Romolo, una volta fondata Roma il 21 aprile 753 a.C., ed averla popolata di pastori delle zone circostanti, si trovò ben presto a dover risolvere il problema della mancanza di donne. Approfittando dei ludi (giochi) in onore di Conso protettore delle messi, secondo la tradizione, riportata da Marco Terenzio Varrone e da Tito Livio a cui parteciparono i sabini con mogli e figlie, tra danze e canti i romani rapirono le donne sabine, minacciando i loro uomini con le armi e mettendoli in fuga. Quando i sabini guidati da Tito Tazio, re dei Curiti, tornarono per liberare le donne sabine rapite, una fanciulla romana, Tarpeia o Tarpea, figlia di Spurio Tarpeo a cui Romolo aveva affidato l'incarico di capo delle guardie del Campidoglio, aprì loro le porte capitoline chiedendo in cambio tutto ciò che portavano al braccio sinistro, pensando ai braccali d'oro che usavano i Curiti. I sabini mantennero la promessa fatta ricoprendo Tarpea con quanto avevano al braccio sinistro e cioè i loro pesanti scudi che portavano appunto al braccio sinistro. Un'altra versione narra, invece, che i Romani, scoperto il tradimento di Tarpea o Tarpeia, la gettarono dalla rupe, che ancora oggi porta il suo nome, in prossimità del Campidoglio, dove in seguito saranno tradizionalmente giustiziati i traditori condannati a morte. Una versione dell'avvenimento lo riporta ad un innamoramento di Tarpea nei confronti del guerriero sabino Tito Tazio. Sulla rupe Tarpea venne in seguito costruito il tempio di Saturno, sede tradizionale dell'erario pubblico. Entrati a Roma, i Sabini si scagliarono contro i romani; ma appena iniziò il conflitto, le donne intervennero per ottenere un armistizio: molte sabine infatti, si erano già affezionate ai mariti romani e non approvavano quella sanguinosa battaglia nella quale erano coinvolti i loro uomini. La vicenda ebbe così una pacifica conclusione: Romolo e Tito Tazio regnarono in comune sulla città: Sabini e Romani si fusero in un solo popolo. Dal nome della tribù di Tito Tazio, quella dei Curiti (Cures), deriva l'appellativo Quiriti, di cui si definirono i Romani; alcuni studiosi fanno derivare da cures anche l'etimologia della parola "curia" (luogo di raduno, assemblea). I due popoli il romano ed il sabino convissero in Roma, i sabini sul Quirinale (anche questa deriva da Cures), i romani sul Palatino e Aventino. Secondo alcuni il ratto avrebbe avuto una funzione rituale ed avrebbe rappresentato una cerimonia arcaica, "ut more ferarum", come dice Quinto Orazio Flacco n. 8.12.65 a.C.- 27.11.8 a.C., caratteristica della comunità dei Sabini. Comunque nei secoli seguenti il rito del matrimonio romano, che era un contratto economico e o politico combinato dalle due famiglie, discendeva dalla tradizione sabina per i suoi legami con l'alimentazione, la "confarreatio", il pasto rituale che gli sposi consumavano dividendosi la stessa focaccia di farro, un cereale povero, più antico del grano, seduti su di uno sgabello coperto da una pelle di ovino alla presenza del sacerdote e di dieci cittadini.

LA RELIGIONE DEI SABINI

La religione dei sabini era politeistica. Gli dei esercitavano la loro protezione su uno o più aspetti del ciclo biologico o atmosferico degli elementi. Le notizie giunte fino a noi relative alla lingua ed alle vicende di questo popolo sono molto scarse. Il dio padre dei Sabini era Sabo, o Sanco, o Santo o Semo Sanco o Medio Fidio, il dio corrispondente all'Ercole dei Latini al quale erano eretti templi sulla sommità delle alture. Altre divinità erano: Cutiliae, si trovava in prossimità di acque sorgive (Cotilia); Feronia, la divinità che proteggeva le messi e più in generale soprintendeva alla riproduzione, come la dea greca Demetra o la romana Cerere; Matura che proteggeva le attività dei campi e della pastorizia e Aurora dea tutelare delle prime ore del giorno. I re, dopo Tito Tazio che regnò insieme a Romolo, furono sabini e romani in alternanza. Per comprendere il grado di integrazione tra i due popoli basti pensare che Romolo stesso aveva sposato una donna sabina Hersilia. Il re di origine sabina Numa Pompilio succeduto a Romolo impose a Roma gli onori al dio Termine, nume tutelare dei confini, ed alla dea Fede, che vigilava sul rispetto dei patti. Gradualmente, i Sabini si assimilarono ai Romani ed assunsero tutte le divinità del loro Olimpo. Il flamen, la cui etimologia ancora non è chiara, era un sacerdote maschio o femmina romano addetto al culto del dio ed era al suo servizio amministrandone i sacramenti. Durante la repubblica Romana vi erano 15 flamines. I tre più importanti, detti "maiores" dovevano essere di origine patrizia, erano: Flamen Dialis, dedicato a Giove; Flamen Martialis, dedicato a Marte; Flamen Quirinalis, dedicato a Quirino. I restanti flamines potevano essere plebei. Flamen Carmentalis, dedicato a Carmentis; Flamen Cerialis, dedicato a Ceres; Flamen Falacer, dedicato a Falacer dio delle virtù eroiche dio delle rocce dio etrusco di nome Falacro; Flamen Floralis, dedicato a Flora; Flamen Furrialis, dedicato a Furrina; Flamen Palatualis, dedicato a Palatua; Flamen Pomonalis, dedicato a Pomona; Flamen Portunalis, dedicato a Fortuna; Flamen Volcanalis, dedicato a Vulcan; Flamen

39

Volturnalis, dedicato a   Volturnus. Marcus Terentius Varro così descrive questi sacerdoti: "Flamines, quod in Latio capite velato erant semper ac caput cinctum habebant filo, filamines dicti. Horum singuli cognomina habent ab eo deo cui sacra faciunt; sed partim sunt aperta, partim obscura: aperta ut Martialis, Volcanalis; obscura Dialis et Furinalis, cum Dialis ab Iove sit (Diovis enim), Furinalis a Furrina, cuius etiam in fastis feriae Furinales sunt.

Il flamen dall'Ara Pacis Augustae

Sic flamen Falacer a divo patre Falacre". Secondo quanto scrive Carandini, Falacer dovrebbe essere il dio protettore della palizzata del Cermalus (sono le pendici occidentali del mons palatinus), associato a Pales (Palatua per i flamini), avrebbe come attributo la "fala" (una torre di legno). Pertanto, la protezione di Falacer dovrebbe essere rivolta contro i nemici, visibili e invisibili, provenienti dal selvaggio mondo esterno (quello di Faunus). Il flamine di Falacer doveva risiedere sul Cermalus, Falacer scompare con il potenziamento della figura di Quirino che lo assorbe, insieme ad altri "piccoli" numi. Questa divinità proteggeva Falacrinae in Sabina, il toponimo è una formazione derivante dalla divinità protettrice, analoga a Quirinalis, per cui si potrebbe immaginare un'origine aborigena anche per Pales/fales Falacer. Queste divinità di tipo paterno proteggevano originariamente luoghi poco estesi singoli 'pagi' (villaggi, borghi), in seguito 'montes' e 'colles'. Una parte abbastanza numerosa della popolazione di Roma era di origine Sabina. Alla morte di Romolo viene eletto re il sabino Numa Pompilio a dimostrazione che i sabini abitavano Roma alla pari con i romani. Tullo Ostilio, romano, successe a Numa Pompilio. Anche il re di Roma Anco Marzio (642 – 617) era Sabino a lui si deve la fondazione di Ostia (ostium = imboccatura con riferimento alla foce del Tevere) nel 633 a.C.. L'alternanza latino-sabino lascia il posto al periodo di re etruschi Tarquinio Prisco (616 – 579) Servio Tullio (578 – 534) e Tarquinio il Superbo (534 – 509). Una curiosità che richiama il nome di phalacrina è che esistono vari coleotteri della famiglia Phalacridae il cui nome è Phalacrus.

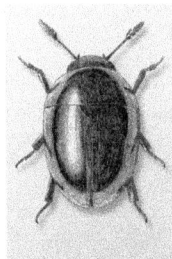

Phalacrus

I Sabini agricoltori e pastori, abitavano pianure colline e montagne dell'alto Lazio ricche di acque e ricoperte di vegetazione, adoravano le divinità fluviali o acquatiche e le divinità dei boschi, come Vacuna (da cui prese nome Bacugno), poi associata alla personificazione della Vittoria o Vesta, che veniva rappresentata come una donna dal seno nudo invocata come protettrice delle arti, dei boschi e delle messi. L'origine della festa della Madonna della Neve e del toro ossequioso di Bacugno risale ad antichissimi riti pagani che celebravano la festa

41

della mietitura. Potrebbe esserci un nesso tra questa festa e la moneta di Augusto recante sul recto il volto dell'imperatore e sul verso un toro nell'atto dell'inginocchiamento (o negli attimi che precedono la carica) coniata nel 15-13 a.C. proprio negli anni successivi al prolungamento della Salaria nel 16 a. C. da Rieti a S. Benedetto del Tronto.

Un denario d'argento di Augusto 15-13 a.C.

La festa del 5 agosto inizia nei campi con la sfida tra i contadini che si misurano con gli aratri per creare i solchi più lunghi e più dritti. Ancora oggi si porta in processione la statua della Madonna (una volta era la statua della dea Vacuna) seguita da un carro che trasporta il Mannocchio (un grande covone di grano) ed un toro bardato a festa che quando giunge in prossimità della chiesa, viene fatto inginocchiare per tre volte davanti alla statua della Vergine. La processione termina nella chiesa ove giunti nella sua prossimità le ragazze in costume tradizionale lanciano alla gente circostante ciambelle fatte con il grano raccolto. La festa termina a notte alta con i poeti a braccio che si sfidano su temi specifici a volte al suono dell'organetto e/o delle zampogne. Questa tradizione antichissima viene fatta risalire ai sabini che celebravano questi riti propiziatori agli dei silvo-pastorali. Tutti i popoli dell'antichità, e quindi anche i Sabini e tutte quelle popolazioni che sono arrivate fino ai nostri giorni senza essere attraversati da fenomeni di industrializzazione, hanno sempre interpretato il cielo, ed i suoi fenomeni (le fasi lunari, il sorgere del sole, le maree, le eclissi ecc.), facendosi condizionare per l'attività di tutti i giorni.

MANLIO CURIO DENTATO

I Romani ed i Sabini convissero più o meno pacificamente per vari secoli, finchè i Romani desiderosi di allargare la loro egemonia sui popoli circostanti, scesero in guerra contro tutte quelle popolazioni che potevano minacciare i loro obiettivi di predominio. I Sabini erano una popolazione affine ai Sanniti ed intesseva con questi rapporti di scambio. I Sabini erano alleati dei Romani però nelle guerre che Roma aveva dovuto sostenere contro i Sanniti non si erano schierati in favore dei Romani, avevano mantenuto un atteggiamento neutrale. I Sabini per i vincoli di parentela con i Sanniti e per il fatto che credevano che i Sanniti avrebbero vinto sui Romani permisero a questi di attraversare la sabina per portare le truppe sannitiche nell'Etruria. Roma aveva assistito a questo aiuto ai Sanniti ma, per non crearsi un ulteriore nemico proprio alle porte della città, attese che finisse la guerra contro il Sannio per protestare e poi per chiedere conto della violazione dell'alleanza. Nel 290 a.C. i consoli Manlio Curio Dentato e Publio Cornelio Rufino, forti di quattro legioni, avevano posto fine alla terza Guerra Sannita ed avevano stipulato un nuovo trattato tra la Lega Sannitica e Roma, con il drastico ridimensionamento dell'intero territorio del Sannio. I Romani nello stesso anno inviarono l'esercito comandato dal console Manlio Curio Dentato contro i Sabini, che, anziché muovere tutte le forze riunite usarono la tattica di frazionare le risorse per presidiare i punti più deboli ed importanti della regione: Reate, Nursia, Amiternum (Amiterno), Trebula Mutuesca ecc.. Per il console romano al comando di un esercito esperto, addestrato, agguerrito, compatto, che proveniva da una lunga recente esperienza di battaglie, di assedi, di tattiche fu estremamente facile avere ragione dei Sabini assalendo e conquistando uno dopo l'altro i loro capisaldi. I Romani, guidati dal console Manlio Curio Dentato, vinsero ovunque in sabina, imponendo il dominio di Roma facendo numerosi prigionieri e ricchi bottini. Dopo la conquista della Sabina venne realizzata la Cascata delle Marmore dal console Manlio Curio Dentato nel 271 a.C., che fece convogliare nel fiume Nera le acque del Velino che fino a quel tempo, provenienti dai monti Pozzoni, si spandevano ristagnando nella sovrastante pianura di Rieti. Questa importante opera di bonifica restituì alla città sabina vaste estensioni di terreni coltivabili. Dopo la guerra, persa dai Sabini. Cures (dal latino cures=lancie parola di origine sabina) venne assorbita dallo Stato romano. La città decadde e perse la sua importanza sia in termini di abitanti che di potere. Un colpo definitivo venne inferto a Cures dal forte sisma del 174 a.C.. La Sabina tutta fu sottomessa al dominio della repubblica in una sola guerra in poco tempo e senza grossi sacrifici. Manlio Curio Dentato commentando la vittoria al Senato dichiarò: "..ho preso un territorio così vasto da rimanere deserto se non avessi insieme fatti tanti prigionieri; ho catturato un numero così grande di uomini che perirebbero di fame se non avessi preso tanto terreno". Roma, dopo la spedizione punitiva vittoriosa trattò duramente i vinti; offrì loro, è vero, la cittadinanza, ma li escluse dai diritti civili e politici "sine suffragio". Nel 290 a. C. con l'acquisizione della Sabina Roma distribuì ai più poveri, lotti di terreno di sette iugeri l'uno (17.663 mq.), Lo "iugerum" iugero pari a 2.523mq era l'unità di misura agraria della superficie seminativa pari a 25 are (240 piedi in lunghezza per 120 in larghezza). Tale misura ha un fondamento tecnico, in quanto corrisponde alla superficie che un coltivatore con una coppia di buoi attaccata a un giogo "iugum" era in grado di arare in un giorno. Il Senato romano offrì cinquanta iugeri 126.167 mq. come segno di gratitudine al console che aveva battuto i sabini, ma Manlio Curio Dentato non ne volle accettare che sette, come tutti gli altri. I sabini tentarono di corrompere il console che li aveva sottomessi, affinché intercedesse verso Roma per ottenere condizioni di pace non eccessivamente persecutorie. Questi non si fece corrompere dicendo che come il ferro non lo aveva vinto così l'oro sabino non lo avrebbe piegato e che per lui era più importante rendere grande e ricca Roma che non se stesso. Da allora tutte le genti sabine si mantennero fedeli a Roma, mandarono i propri figli a combattere per Roma, e quale ricompensa per la fedeltà dimostrata i Romani concessero loro il diritto di voto. Grandi famiglie Romane come i Claudii, Publii, le stirpi Manlia, Servilia e Sertoria e infine quella dei Flavii hanno le loro radici in Sabina. Di recente è stata rinvenuta a Cittareale una pietra alta 13,5 cm. larga 15,0 cm. e profonda 12,0 cm. con una iscrizione di chiara origine romana su due facce.

Su un lato si legge

OMNES-FUSSEIS-FV   tutti i nemici sbaragliati e messi   in fuga
LIBERATA-SP-ITALIA   liberata è l'Italia
AVCTA-SP-PRAED   aumentato bottino
MAX-SVM-QVOM   con grandissimo
ISO-REBUS-BENE-AV   con queste cose benemerito sin da
O-PVO-TIBI-S   a te tuo difensore
PSI-IV   spesa a proprio carico interamente

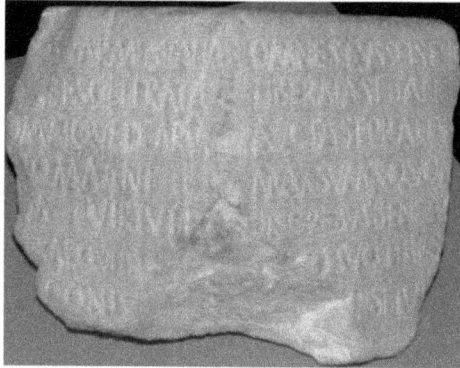

Sull'altro lato si legge

ARMEIS-ITALIA	In guerra l'Italia
ET SCELERATA	e scellerata
DEOM-ATQVE-DEARVM	degli dei e delle dee
ROOMANI	Romani
AEQVEPA	virtù equa pace
CONTI	Continuarono

Alcuni studiosi collocano questa pietra tra il 300 a. C ed il 50 a.C. periodo in cui si sono succedute varie guerre anzi dallo studio più minuzioso fatto sui caratteri che compongono la scritta collocano il frammento in un arco di tempo più ristretto presumibilmente tra l'80 ed il 50 a.C.. Agli esperti spetta ora il compito di comprendere il significato di tali iscrizioni.

L'ORDINE MORALE

Nel mondo romano, il diritto umano è strettamente connesso al superiore ordine divino: lo "ius divinum" (diritto divino) forniva ai cittadini le linee guida fondamentali di comportamento nei confronti della divinità. Un corretto rapporto di concordia tra divinità e cittadini era definita "pax deum" (pace di dio). Per il Romano la violazione di una norma morale, che era sotto la tutela degli dei in generale e più in particolare di Giove, era percepita come offesa portata agli dei e pertanto la maledizione divina sarebbe caduta sul malfattore reo del misfatto. Si poteva porre rimedio all'atto peccaminoso attraverso l'"expiatio" (la penitenza). La vita dell'individuo è condizionata dalla volontà degli dei, cioè il "fatum" (destino), e per ingraziarsi i favori delle divinità offriva ad essi, sull'ara che era eretta generalmente nei templi ma anche nei cortili delle case, doni affinché concedesse loro i desideri richiesti. La vita si svolgeva in due ambiti la sfera pubblica "res publica" e quella privata "res privata", res inteso nel senso di interesse, nel prendere qualsiasi decisione la prima prevaleva sempre sulla seconda. I valori di riferimento del "cives romanus" erano: la "maiestas populi romani" (la grandezza, la maestà del popolo romano), la "gloria" (il buon nome, l'onore), la "pietas" (il senso del dovere, la rettitudine, l'equità ma anche, nell'etica romana, il sentimento di rispettosa devozione nei confronti dei genitori e dei figli che si trasferì anche nei confronti della comunità e dello stato), la "dignitas" (la stima, il credito, il prestigio), la "fides" (la fiducia, l'onestà) e la "libertas" (la condizione di uomo libero). In contrapposizione come colpe gravi erano il non rispetto degli dei, il tradimento, l'infedeltà, l'odio verso i famigliari, l'imbroglio e l'avarizia. Al vertice della famiglia era posto il "pater familias" padre di famiglia, con potere illimitato la "patria potestas" sulla consorte, i figli e gli schiavi. Il capo di casa imponeva l'ordine domestico con diligenza, con severità e temperanza. Il padre doveva esercitare tale potestas non con autorità ma come si direbbe oggi con autorevolezza. Le giovani leve venivano educate con l'esempio ricevuto dagli anziani, i meno giovani avevano la potestà di correggere attraverso rimproveri bonari o più pesanti richiami, i bambini e poi i ragazzi inducendoli ad un comportamento corretto nei confronti delle persone e delle cose sia pubbliche che private. Nei popoli Sabini i giovani dovevano mostrare modestia, reverenza, obbedienza, sincerità e pudicizia nei confronti degli adulti. Questi comportamenti si potevano riscontrare, fino alla metà del secolo scorso, nelle zone dell'alta valle del Velino e talvolta in alcune famiglie ancora oggi sono riscontrabili. Il costante addestramento esercitato all'interno della famiglia si proiettava nei rapporti con i terzi e divenne poi la base su cui si fondò la disciplina militare ripresa dai romani e che fece grande la potenza di Roma.

LA GENS FLAVIA

Il nonno, Tito Flavio Petronio, ed il padre di Vespasiano, Flavio Sabino, erano di Rieti, nodo, da sempre cruciale, della via Salaria e delle popolazioni sabine. I Flavi erano già una famiglia importante poiché Flavio Sabino, il padre, era esattore delle tasse ed operatore finanziario, la madre di Vespasiano, Vespasia Polla, era sorella di un senatore, nasce in un luogo a 6 miglia da Norcia in direzione di Spoleto. Questa famiglia "gens" aveva proprietà in tutta la zona reatina. Vespasia Polla, incinta, con il marito, si trasferisce a Falacrinae, zona notoriamente più fresca climaticamente, per trascorrere l'estate in attesa del lieto evento. Titus Flavius Vespasianus (Vespasiano) nasce a Falacrina, vicino Rieti, il 17 nov. 9 d.C. da una famiglia dove il padre era esattore di imposte e piccolo operatore finanziario, Gaio Svetonio Tranquillo (70 d.C,-140 d.C. circa), nella Vita dei dodici Cesari, afferma che "Vespasianus natus est in Sabinis ultra Reate vico modico, cui nomen est Phalacrinae, XV. kal. Dec. vesperi, Q. Sulpicio Camerino C. Poppaeo Sabino cons., quinquennio ante quam Augustus excederet; educatus sub paterna avia Tertulla in praediis Cosanis. Quare princeps quoque et locum incunabulorum assidue frequentavit, manente villa qualis fuerat olim, ne quid scilicet oculorum consuetudini deperiret; et aviae memoriam tanto opere dilexit, ut sollemnibus ac festis diebus pocillo quoque eius argenteo potare perseveraverit" (Vespasiano nacque tra i sabini oltre Rieti, in un borgo modesto il cui nome è Falacrinae, 15 giorni prima delle calende di dicembre, di sera, sotto il consolato di Quinto Sulpicio Camerino e di Caio Poppeo Sabino, cinque anni prima che Augusto morisse; fu educato dalla nonna paterna Tertulla nei poderi di Cosa. Perciò anche da imperatore frequentò assiduamente il luogo di nascita, rimanendo una villa quale era stata un tempo, affinché niente andasse in rovina alla consuetudine degli occhi; ed amò il ricordo della nonna tanto che nei giorni solenni e festivi continuò a bere anche in una piccola tazza d'argento di lei).

49

L'imperatore Vespasiano fece costruire un tempio, sulla strada verso Norcia, in onore della propria madre Polla da cui derivò il nome della località Polline o "Fanum Apollineo" (Fanum = terreno sacro di un tempio). Intorno a questo tempio, vari autori del passato, sostengono si sia formata Cittareale. Una idea delle sembianze di Vespasiano si può avere attraverso le monete dell'epoca e in alcune statue che lo ritraggono. In un celebre passo delle "VITAE" Caius Svetonius Tranquillus Svetonio ci descrive alcune caratteristiche di Vespasiano, colto nella sua quotidianità: "...del resto, sempre pieno di bonomia, sia a tavola, sia in qualsiasi altro luogo, regolava spesso gli affari con una parola scherzosa, giacché era molto spiritoso, sebbene un po' scurrile e triviale, al punto da non astenersi neanche dalle oscenità. Il solo difetto che gli si può rimproverare con ragione è l'avidità del denaro. Infatti, non contento di aver reclamato le imposte che non erano state pagate sotto Galba, di averne aggiunte di nuove e assai gravose, di aver raddoppiato i tributi delle province, si diede anche apertamente a speculazioni disonorevoli perfino per un semplice cittadino, acquistando merci all'ingrosso, con il solo scopo di venderle di seguito, più care, al dettaglio..." (Libro VIII° - Cap. 16).

Sesterzio di Vespasiano

Ancora dice di lui "fu semplice come un cittadino, e clemente, non nascose mai la modestia delle sue origini ..." (Libro VIII° -Cap.12).

50

La figura di Vespasiano è nota attraverso le monete e le statue in questo sesterzio romano è raffigurato sul recto con un profilo laureato volto a destra in circolo la scritta IMPerator CAESar VESPASianus AVGustus Pontifex Maximus Tribunicia Potestas Pater Patriae COnSolatus III; sul verso: La figura della PAX, in piedi, volta a sinistra, con rametto d'ulivo e cornucopia. In circolo: PAX AVGVSTI. Ai lati della figura allegorica Senatus Consultus. Esemplare di sesterzio del I° secolo d.C. riconducibile ai primi anni dell'impero di Vespasiano; il riferimento al III° consolato, in finale di leggenda sul diritto, permette di datare la moneta tra gli anni 71 e 72 d.C. La stessa figura personificata rappresentante la PAX, al rovescio, simbolo di una ritrovata concordia politica e sociale, ci induce a collocare l' emissione di questa moneta nel periodo immediatamente successivo alla fine della guerra civile contro Vitellio. Molto bello è lo stato di conservazione e la patinatura, color "testa di moro", che fa risaltare il profilo di Vespasiano e l' integrità della lunga leggenda che lo circoscrive. Vespasiano sposò Flavia Domitilla dalla quale ebbe tre figli: Titus Flavius Vespasianus (Tito) (30.12.41 d.C. – 28.6.79 d.C.) , Titus Flavius Domitianus (Domiziano) (24.10.51 d.C.- 13.9.81 d.C.) e Domitilla che muore giovane in territorio sabino e si dice che sia stata sepolta sotterrata insieme ad un tesoro nell'alveo di un fiume. Dopo una modesta carriera militare, l'imperatore Nerone nel 66 d.C., riconosciute le doti organizzative e fidando sul fatto che essendo, Vespasiano, di non nobili origini non avrebbe potuto o dovuto nuocergli in alcun modo, gli affidò il comando della guerra in Giudea. In Giudea si era sviluppato un partito religioso che teneva alla libertà con grande tenacia e riconosceva come signore e re soltanto Dio. Gli aderenti a questa filosofia si chiamavano zeloti dal greco zelótes: pieno di zelo, entusiasmo. Non riconoscevano, pertanto, il dominio assoluto dell'imperatore romano né le imposte a lui dovute e si opponevano con forza ai romani al fine di ricostituire il regno d'Israele. Gli zeloti furono i più attivi protagonisti nella guerra giudaica (66-70 d.C.) e proprio questa resistenza inasprì Vespasiano tanto che le cifre, che Giuseppe Flavio in Guerra Giudaica fornisce alla fine della guerra, sono le seguenti: "Il numero complessivo dei prigionieri catturati nel corso dell'intera guerra fu di novantasettemila, quello dei morti dal principio alla fine dell'assedio fu di un milione e centomila". Tra gli apostoli di Gesù Cristo c'era un aderente a questo movimento, Simone lo Zelota (o Cananeo).

Dopo la deposizione ed il suicidio di Nerone, il principato vive un tragico periodo di instabilità: fra il 68 ed il 69, si susseguono ben tre personaggi alla guida dell'Impero che comunque Vespasiano fece riconoscere ai suoi legionari. Servio Sulpicio Galba (Tarragona 24. 12.3 d.C. - del 15.1.69 d.C.) eletto dal Senato, viene deposto ed ucciso dai Pretoriani che insediano Otone Marcus Salvius Otho (32 d.C.-69 d.c.), mentre le truppe romane di stanza sul Reno acclamano imperatore Aulus Vitellius Germanicus Vitellio (24.9.15 d.C. – 22.12.69 d.C.). Lo scontro fra i due è inevitabile. Le truppe di Vitellio si scontrano a Bedriaco con l'esercito di Otone che, sconfitto, si uccide. Nel frattempo, le legioni stanziate in Oriente proclamano imperatore il generale Vespasiano, che già dal 67 aveva guidato vittoriosamente l'esercito romano in Giudea. Convinto dalle legioni siriane del legato Muciano, il 14.7.69 fu proclamato dai soldati quindi riconosciuto in Oriente e poi in Mesia, Pannonia e Illiria mentre a Roma era ufficialmente imperatore VitellioAntonio Primo, legatus comandante delle legioni in Dalmazia e Pannonia e pro Vespasiano, senza attendere i rinforzi dall'Oriente piombò in Italia sconfigge a Cremona le truppe di Vitellio. Le truppe pro Vespasiano battono ripetutamente i vitelliani finchè in violentissimi scontri a Roma Vitellio stesso fu ucciso il 20.12.69. Due giorni dopo il senato riconobbe Vespasiano imperatore. L'assemblea votò poi la lex de imperio Vespasiani prima carta costituzionale che elencò tutte le prerogative della dignità imperiale: Vespasiano non era vincolato da leggi o plebisciti, poteva disporre di cose umane e divine, era sua facoltà stipulare trattati e alleanze, convocare il senato ed esercitare la selezione sui candidati alle magistrature. Entrato a Roma nell'agosto 70, Vespasiano si preoccupò, dopo l'anno terribile dei tre imperatori, di riparare ai danni delle guerre civili. Si adoperò così per ristabilire un clima di serenità e tranquillità con alcune opere propagandistiche (costruzione del Foro della Pace) e risolvendo i problemi costituzionali della successione imperiale con la creazione di una dinastia, il figlio Tito nel 71 fu proclamato ufficialmente erede. Prima preoccupazione fu risolvere l'irrequietezza e l'indisciplina dei soldati, sciolse quindi le legioni renane sostituendole con nuove leve arruolate tra i cittadini delle province di recente romanizzazione, mentre le coorti pretoriane furono ridotte da 16 a 9 e costituite quasi totalmente da cittadini italici. Per risolvere la disastrosa situazione economica ridusse le spese dell'amministrazione imperiale, perseguitò ogni tentativo di evasione fiscale, aumentò le tasse di alcune province mentre tolse ad altre l'esenzione e alcuni protettorati furono trasformati in province in modo da sottoporli a tassazione. Vespasiano avendo origini di rilievo ma non nobili e quindi non potendo contare su appoggi consolidati proseguì l'opera di leadership creando una clientela politica di supporto alla sua famiglia, furono immessi nelle liste del Senato e dei Cavalieri nuovi elementi, esponenti della borghesia italica ed extraitalica, a lui devoti assicurandosi il consenso delle varie componenti sociali, mentre gli avversari venivano perseguitati. Con lui iniziò la dinastia dei Flavi, fu un grande sovrano, acuto politico, capace stratega e buon amministratore. Promosse un'intensa attività di edificazione di opere pubbliche. L'imperatore di origine sabina aveva provveduto a far prosciugare lo stagno prospiciente la Domus Aurea per costruirvi l'anfiteatro. Roma fu avviata ad una poderosa opera di ricostruzione e restauro dopo l'incendio nel 68 che era seguito a quello disastroso del 64.

Il periodo della dinastia Flavia rappresenta un momento di stabilità politica e di equilibrata amministrazione nella storia dell'Impero Romano. Il nome dei Flavi, e di Vespasiano in particolare, è tradizionalmente associato ad una serie di opere edilizie. Molteplici e grandiose le opere di carattere urbanistico; la più celebre é senz'altro la realizzazione dell' anfiteatro Flavio a Roma. Nel 69 d.C. diede inizio alla costruzione dell'anfiteatro Flavio meglio conosciuto come Colosseo per un'imponente statua in bronzo alta circa 35 metri (la più grande di quel genere mai costruita) realizzata dallo scultore greco Zenodoro e che rappresentava l'imperatore Nerone con la testa che radiava raggi come il Sole posta lì vicino nei pressi della Domus Aurea anch'essa costruita da Nerone e venne completata 11 anni più tardi nel 80 d.C. dall'imperatore Tito.

Il Colosseo è alto 49 metri ed aveva una capienza di 50.000 posti seduti. La pianta ellittica misurava 188 metri sull'asse maggiore e 156 metri su quello minore L'oscurantismo ed i bassi interessi dei secoli bui hanno ridotto l'anfiteatro, una delle più belle opere dell'antichità, come lo possiamo vedere oggi. L'Anfiteatro Flavio fu realizzato in travertino estratto dalle cave sulla via Tiburtina nei pressi di Tivoli e trasportato a Roma su chiatte navigando il fiume Aniene e quindi il Tevere. A Brescia, nel 73 d.C. Vespasiano, a ricordo della vittoria su Vitellio, fece costruire ai piedi del colle Cidneo un tempio votivo, dedicato alla triade capitolina, detto appunto "Capitolium". Vespasiano, mentre era in Campania, fu colpito da febbre e dolori intestinali, si ritirò nella villa di Aquae Cutiliae nei pressi di Caporio a Rieti sulla via Salaria dove morì il 24 giugno 79. Si dice che, sentendosi prossimo alla morte, egli si alzasse dal letto ed esclamasse che un imperatore doveva morire in piedi. Aveva da pochi giorni compiuto settanta anni ed aveva regnato per dieci anni. Gli scavi archeologici intrapresi a fine ottocento hanno riportato alla luce le strutture murarie della villa di Vespasiano ed il vasto complesso termale la cui tecnica di costruzione muraria opus mixtum ed opus reticulatum, era diffusa particolarmente tra l'età flavia e l'età di Antonino Pio e che, pertanto, conferma che la struttura doveva risalire alla seconda metà del I° secolo.

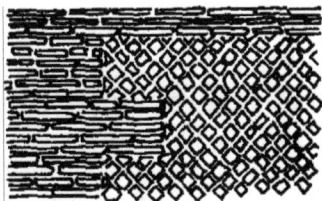

L'edificio si articola su quattro livelli per una lunghezza di 400 metri.

Terme di Vespasiano a Caporio, Rieti.

Al secondo livello in posizione centrale rispetto alle costruzioni circostanti si trova una vasca rettangolare realizzata tagliando il banco di travertino e rendendolo lineare attraverso interventi in muratura. Recenti studi ipotizzano che le terme fossero alimentate dalle acque della sorgente di Caporìo e da quelle sulfuree di Cotilia. Sui lati est, nord ed ovest si vedono le strutture murarie che ospitavano i vari ambienti.

55

Particolare della vasca delle Terme di Vespasiano

L'ingresso alle terme era ed è situato sull'antico tracciato della via salaria. A poca distanza, in direzione Nord-Est, l'età flavia ha lasciato la testimonianza del cosiddetto Ninfeo dei Flavi a Borgovelino, un poderoso muro di costruzione articolato da nicchioni, probabilmente anch'esso facente parte dì una villa.

Ninfeo dei Flavi a Borgovelino

A Vespasiano nell'81, gli succederà il figlio Tito, il condottiero che aveva conquistato Gerusalemme (70 d.C.), di lui Svetonio dice "Aveva un bell'aspetto, pieno di dignità e di grazia; una forza straordinaria sebbene non fosse molto alto e avesse il ventre grosso; una grande inclinazione a tutte le arti della guerra e della pace. Una memoria meravigliosa, molta abilità nel maneggio delle armi e dei cavalli, una conoscenza profonda delle lettere greche e latine, ed una sorprendente facilità nello scrivere poesie in queste lingue e nell'improvvisare. Si intendeva anche dl musica; cantava e suonava con leggiadria e perizia". Tito divenuto imperatore proclamò suo successore il fratello Domiziano proseguendo nella scia del padre che aveva iniziato la successione imperiale per via dinastica. Ascoltò le delibere del senato non senza averle prima verificate attraverso il "consilium principis" (assemblea di principi) cioè un ristretto team di collaboratori. Per alleviare le pene delle popolazioni che erano state colpite dalla distruzione eruttiva del Vesuvio nel 79 d.C. (Pompei) soggiornò un paio di mesi in Campania. Fu lui ad inaugurare nell'80 il Colosseo con feste che durarono cento giorni. Nell'estate dell'anno successivo colto da febbre, dicono gli studiosi, per troppi bagni freddi morì il 13 settembre 81 nella sua villa di Aquae Cutiliae. Subito dopo la morte di Tito, Domiziano si fece incoronare imperatore, pretese poi che fosse venerato come un dio. In politica estera ottenne alcuni successi in Britannia ed ampliò i confini sul Reno che fece proteggere da una linea fortificata "limes germanicus". Investì somme ingenti per ricostruire alcune zone di Roma che erano andate distrutte dagli incendi. Fece costruire lo stadio a lui dedicato, le dimensioni di tale edificio sono visibili sotto l'attuale Piazza Navona tutti i palazzi e le chiese che si affacciano su questa piazza sono stati realizzati nel corso dei secoli sulle sue gradinate. Non ebbe invece molta fortuna nella guerra contro i Daci che dovette concludere con una pace poco onorevole. Ordinò le persecuzioni intorno al 93-94 d.C. degli Ebrei e dei Cristiani che si rifiutavano di adorarlo. Domiziano ottenne il consenso del popolo e degli eserciti. Si rese inviso alla classe aristocratica e senatoriale a tal punto che fu ucciso in una congiura di palazzo il 18 settembre 96 d.C..

GOTI, LONGOBARDI E SARACENI

La Sabina conobbe le dominazioni dei Goti e dei Longobardi e da questi ultimi venne aggregata al Ducato di Spoleto dopo essere stata devastata e spogliata. Nel 591 i Sabini, Equicoli, Vestini, Peligni e Piceni erano sotto il dominio longobardo. Queste popolazioni venivano amministrate dai vescovi e dai monasteri benedettini che erano sparsi ovunque nel territorio. Sotto il dominio longobardo i benedettini crearono una sorta di feudalità ecclesiale. Gregorio Magno scriveva: "i Longobardi spopolavano le città, radevano al suolo i castelli, bruciavano le chiese, devastavano i conventi maschili e femminili. I beni venivano abbandonati dalla gente ed i campi desolati. Nessun proprietario vi dimorava più. Dove prima c'erano gli uomini ora vivono bestie selvagge. Non so che cosa sia successo in altre parti del mondo, ma qui, nella nostra zona, il finimondo non è solo annunciato ma è già incominciato." La sovranità longobarda, ispirata ad usanze barbariche, si presentava alle popolazioni sabine in tutta la sua violenta ignoranza. I Longobardi divisero le terre conquistate in trentasei ducati ed il territorio di Falacrinae fu assoggettato a quello di Spoleto. I confini rispettavano per lunghi tratti gli antichi confini dei territori cittadini, ed in taluni punti corrispondevano però, ad occasionali frontiere che si erano create perché la base di partenza per le trattative era costituita dai territori occupati dagli eserciti in guerra. I domini longobardi in Italia erano affidati ai gastaldi o castaldi, che governavano come funzionari regi i gastaldati. Nel secolo VIII S. Tommaso di Morienna aveva ricostruito l'Abbazia Farfense distrutta dai Longobardi e i Duchi di Spoleto la presero sotto la loro giurisdizione difendendola dalla cupidigia degli usurpatori e favorendo i lasciti e le donazioni immobiliari da cui ebbe origine il cospicuo possedimento territoriale dei Benedettini di Farfa in Sabina e l'esercizio su di esso di un vero dominio feudale.

Dopo l'annessione della Sabina al Ducato di Spoleto, gli agglomerati urbani vennero sostituiti da insediamenti costituiti da piccoli casali, spesso di origine romana, legati ai latifondi preesistenti. A partire dall'VIII secolo d.C. la classe dirigente locale di origine longobarda fu segnata da una forte crisi, causata non solo dalle divisioni ereditarie ma anche dalle donazioni, sempre più cospicue, fatte alle grandi Abbazie (tra cui Farfa).

I possedimenti longobardi andarono, così, ad incrementare il nuovo potere monastico, che nel territorio si manifestò nel IX secolo, con l'edificazione di numerose chiese rurali. La morte di re Desiderio pose fine, nel 774, alla dominazione longobarda. Re Carlo Magno da Magonza (n.742-814) sostò a Falacrinae mentre si stava recando a Rieti, con un poderoso esercito ed un nutrito seguito di baroni, conti, marchesi e vescovi, per incontrare Leone III romano (795-816), che lo avrebbe incoronato imperatore ed avrebbe dato inizio al dominio dei Franchi. Nel codice Malagotti si parla di un barone franco, di nome Elperino antico progenitore della famiglia degli Alberini, che scese in Italia al seguito di Carlo Magno.

Con l'avvento dei Franchi fanno la loro comparsa anche in Italia centrale i "Comites" feudatari e funzionari regi. La sabina successivamente fu sottomessa al dominio di quei signorotti che dicevano di amministrare la giustizia in nome del Re. La campagna rappresenta per le popolazioni italiche la sopravvivenza. La disastrosa condizione delle città, le guerre di questo periodo, l'invasione dell'Italia da parte di popolazioni nomadi, il progressivo crollo delle strutture statali romane, la crisi delle città ed il sensibile calo demografico condussero al progressivo impoverimento delle popolazioni e al degrado del territorio.

La mancanza di organi costituiti rappresentativi di punti di riferimento di medio lungo periodo determinano l'incuria e l'insicurezza delle strade e delle città. I boschi e le paludi, non più tenuti sotto controllo, si espandono coprendo estese zone. L'avanzata degli spazi incolti, soggetti alla logica di un'economia silvo-pastorale, propria dei popoli non sedentari che avevano conquistato l'Occidente, avvenne pressoché ovunque nelle zone che la colonizzazione romana aveva da tempo reso coltivabili e percorribili.

Si assiste in Italia ad un incremento del numero di chiese rurali e fondazioni monastiche a un ritmo tanto elevato da richiedere l'intervento dei re carolingi per sollecitare la distruzione delle chiese superflue.

Nel X secolo, fattori concomitanti come la minaccia delle scorrerie saracene ed il disordine politico interno al mondo postcarolingio concorsero all'intensificarsi del fenomeno dell'incastellamento, alla fortificazione di edifici e villaggi già esistenti e all'edificazione di castra spesso su alture, o comunque in luoghi militarmente più facili da difendere.

Le popolazioni sabine con il ristabilirsi della pace furono incoraggiati dai Monaci di Farfa ad arroccarsi per una maggiore sicurezza e difesa del territorio. Castra e monasteri ebbero un ruolo di grande importanza nella riorganizzazione agraria del territorio e nella fondazione e sviluppo dei paesi. A conferma della presenza di forme di potere istituzionale nella valle della sorgente del Velino si parla degli "Scabini di Falacrina" scavini o scuvini. Nella legislazione carolingia uno dei componenti del collegio stabile di esperti che, come ufficiali pubblici, erano incaricati di formulare la sentenza nei processi presieduti dai conti o dai messi era lo scabino. Gli scabini sostituirono gli assessori occasionali dei tribunali essendo questi, invece, assessori permanenti e qualificati cioè pubblici ufficiali con compito di vigilanza sul buon ordine di una città e di amministrazione della giustizia.

Carlo Magno introduce una riforma giudiziaria e così elenca i soggetti necessari per il retto corso della giustizia i quali dovevano essere di molto sapere nelle leggi e timorate di Dio: "Judices, Advocati, Praepositi, Centenarii, Scabini, quales meliores inveniri possunt, et Deum timentes, constituantur ad sua ministeria exercenda". Dopo decenni di guerre, invasioni barbariche e devastazioni naturali, quali incendi e terremoti, gli insediamenti abitativi cicolani si presentavano in completa rovina.

A partire, però, dal VI–VII secolo d.C. i monaci farfensi e sublacensi assunsero direttamente la "cura animarum", ed esplicarono una vera e propria azione di missione, rioccupando la maggior parte degli antichi villaggi e construendo numerose chiese. Quest'avvenimento storico, unito alle esigenze della classe dirigente feudale, diede origine ad un nuovo assetto territoriale, caratterizzato dal fenomeno dell'incastellamento. Gli antichi centri di tradizione romana situati nelle pianure di fondovalle furono lentamente abbandonati, e nuovi centri fortificati sorsero sulle alture.

61

In tanti secoli, i paesi che si affacciavano lungo la Salaria, non avevano mai avuto bisogno di essere fortificati perché avevano potuto godere di un lungo periodo di pace, fino a quando arrivarono i saraceni.

I Saraceni, Arabi, Mori, Turchi e Barbareschi sono i termini con i quali si nominano, i soldati musulmani che, a partire dal VII secolo, solcarono il mediterraneo in cerca di prede.

Nel 711 sbarcarono in Spagna e tentarono di giungere in Francia, ma furono fermati da Carlo Martello nel 732 a Poitiers. Nell'827 i musulmani conquistarono la Sicilia che divenne in tal modo una nuova colonia Araba, nonché la base di partenza per nuove razzie verso il continente. I Saraceni tra l'826 e il 961 terrorizzarono tutto il Mediterraneo con le loro aggressioni, portando, ai popoli più opulenti che si affacciavano su questo mare, lutti e rovine. La vita degli italiani che vivevano lungo le coste, specie del mezzogiorno, era resa in quel periodo assai difficile a causa delle continue incursioni piratesche che si succedevano ad opera delle bande Saracene. Queste incursioni erano effettuate al solo scopo di catturare schiavi e depredare i territori di ogni avere. Gli Arabi, però, avevano anche operato delle vere e proprie conquiste nei territori cristiani. Si erano, infatti, insediati in varie zone della Spagna e della Sicilia, avevano inoltre creato delle teste di ponte in più punti della costa italiana da dove partivano con più facilità per le loro scorrerie.

Intanto rileviamo che il 10 agosto 845 anno XXIII dell'imperio di Lotario indizione VIII in Falacrina fu rogato un atto riguardante una donazione di un terreno in Scanziano di Falacrina e tra i firmatari troviamo Erichi gastaldo di Falacrina e due fratelli Alberini: Hilperimus e Hildeprandus.

Due grandi flotte musulmane, con migliaia di uomini e cavalli, salparono dalla Sicilia e dall'Africa approdando ad Ostia nell'846, avanzarono rapidamente verso Roma fra incendi e stragi, giunsero fino alla basilica di San Pietro, che allora era fuori delle mura, e la saccheggiarono impadronendosi di tutti i tesori che vi erano custoditi. Ancora, nell'849 i Saraceni organizzarono una nuova spedizione contro Roma che, però, aveva meglio organizzato le sue difese. Il nuovo pontefice Leone IV (romano 847-855) fece: rinforzare le mura Aureliane, restaurare quindici torri, costruire due nuove a porta Portese e fece porre delle pesanti catene tra le due rive per impedire il passaggio alle imbarcazioni nemiche che avessero voluto risalire il Tevere.

Cesario al comando della flotta della Lega Campana (Napoli Amalfi e Gaeta), si fermò davanti al lido di Roma (Ostia) e Leone IV temendo che si fosse alleato con i saraceni volle incontrarlo per farsi giurare che fosse venuto a combattere i musulmani in veste di amico ed alleato, a quel punto, convinto dal giuramento, gli consegnò il comando anche delle truppe romane e ducali impartendo agli uomini in armi la benedizione apostolica.

Cesario, con mezzi navali solidi e marinai molto esperti, fronteggiò l'arrivo dei saraceni, che avevano imbarcazioni meno adeguate, sotto un forte vento di libeccio, e dopo una aspra battaglia navale distrusse tutta la flotta musulmana nella Battaglia di Ostia.

I Saraceni facevano spesso delle incursioni nell'entroterra, guidati dal loro valoroso re Seodan, risalendo lungo il corso del fiume Garigliano e del Liri, arrivarono spesso fin nella Marsica dove misero a ferro e a fuoco quei paesi.

Raffaello Sanzio da Urbino Battaglia di Ostia Musei Vaticani
Stanza dell'Incendio di Borgo (1514-1517)

I Saraceni, ancora più inorgogliti dalle vittorie ottenute, si fecero più audaci tanto da invadere ed occupare parte della provincia Valeria che allora raggruppava la Marsica, il Cicolano e parte della Sabina. Le prime scorribande saracene in Sabina si ebbero intorno all'877.

Le incursioni di queste bande di predoni, che avevano insediato le loro basi nel Cicolano e nella valle del Turano, crebbero di intensità intorno all'890. L'anno successivo fu preso ed incendiato S. Salvatore maggiore, la stessa Farfa fu sottoposta ad una forte pressione, finché, nell'897, i monaci furono costretti ad abbandonarla, suddividendosi in tre gruppi, uno dei quali si ritirò a Rieti, portando con sé una parte del tesoro abbaziale.

La stessa Rieti fu investita dai predoni arabi successivamente all'898, presa e saccheggiata. Fu anche trucidato il gruppo dei monaci farfensi che vi si era rifugiato e trafugata la parte del tesoro abbaziale loro affidata. La caduta di Rieti aveva consentito ai saraceni un sicuro accesso alla stretta alta valle del Velino che fu oggetto di invasioni saracene che arrecarono i maggiori danni alle popolazioni sabine. I saraceni al loro passaggio devastarono e depredarono ogni cosa, distruggendo tutto ed in particolare le chiese come ricordavano le epigrafi poste a S. Maria di Cànetra, oggi scomparsa, ed a S. Silvestro in Falacrine.

I Saraceni nel meridione d'Italia erano per la verità quasi sempre alleati con l'uno o l'altro dei potenti locali in lotta fra di loro; nel caso del Garigliano pare certo un appoggio iniziale di Napoli e di Gaeta. Per iniziativa di papa Giovanni X (di Tessignano Imola 914-928) si creò però una coalizione di principi tra i signori di Capua-Benevento e Salerno Atenolfo longobardo, il marchese di Toscana Guido, e quello di Spoleto Alberico, il senatore dei Romani Teofilatto.

Truppe spoletine romane e sabine, riorganizzatesi dopo le frequenti devastazioni subite al comando del reatino Takebrandus (Takebrando di origine longobarda o Archiprando Duca di Rieti come sostiene Cecchini), attaccarono gli arabi, presso le rovine di Trebula Mutuesca (Monteleone Sabino), e decretarono la disfatta della banda dei saraceni che vi si era insediata: ciò accadeva nei primissimi mesi del 915. "Achiprando o Tachiprando (Akiprandus, Takiprandus) di Rieti, che nel 916 preparò l'esercito presso Trebula per combattere i Saraceni, come accenna il cronista del monte Soratte, sembra essere quello stesso che è nominato in un documento del 948 esistente nell'archivio della Chiesa reatina, il quale accenna al figlio di lui (Aldus Takeprandi de Civitate Reatina).

Questo Aldo concesse al vescovo di Rieti Anastasio alcuni suoi beni in territorio falagrinensi. L'istromento è datato: "Actum in Civitate Reatina, anno 948 prid. kal. aug., regnante Lothario, anno regni eius XIX." (Arch. Cath. Eccl. Reat., Arm. 4, fasc. L, n. 2)". Così dice il Michaeli in Memorie storiche della città di Rieti e dei paesi circostanti dall'origine all'anno 1560, raccolte da Michele Michaeli, Rieti, stabilimento tipografico Trinchi, 1897. Questa battaglia, raccontata dal monaco Benedetto di S. Andrea in Flumine, precede di poco la battaglia decisiva sul Garigliano, dove i saraceni stanziati nelle aree più interne si erano rifugiati, subito dopo la sconfitta di Trebula. Nell'agosto 915 la base saracena che era posta sul Garigliano a Castelforte fu presa e distrutta. In questa battaglia si scontrarono le truppe della lega cristiana guidata dal papa Giovanni X con i saraceni.

Francesco Palmegiani, riferisce su queste vicende: "I Saraceni avevano devastato la Sabina e distrutto conventi e monasteri e non sazi proseguirono nella loro fatale marcia irrompendo per le valli del Salto e del Torano: ivi incendiarono il Monastero di S. Salvatore invasero poi Rieti, uccisero i monaci farfensi che vi si erano rifugiati con parte del tesoro, commettendo altri delitti e devastazioni e proseguendo poi per le gole di Antrodoco si spinsero fino a S. Maria di Canetra e a S. Silvestro di Falacrina che pure devastarono".

La vittoria cristiana pose fine al lungo periodo di terrore, di rapine, di desolazione e di rovine. Nella Chiesa di S. Maria Assunta di Cittareale per molti anni si usava come sedile una pietra con delle iscrizioni che sembra essere stata portata lì dalla chiesa di S. Silvestro. Questa pietra è stata riportata nel posto di provenienza nel 1978 e posta sulla facciata della chiesa, al suo ingresso entrando sulla destra..

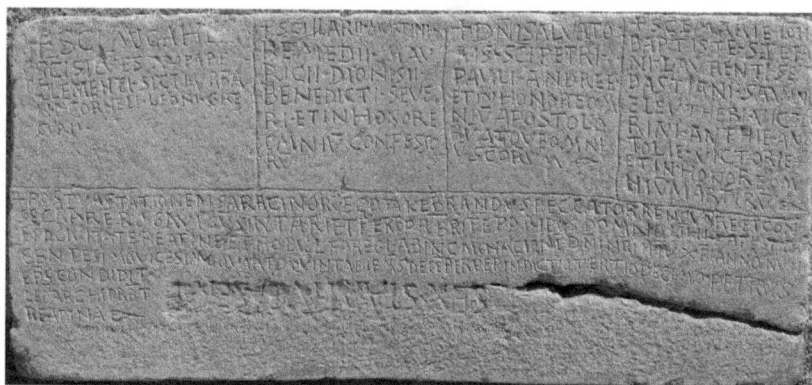

+ SanCtI MICAHELI SanCtI SILVESTRI PAPE CLEMENTI SIXTI
URBANI CORNELI LEONI GREGORII
(Santi Michele Santi Silvestro papa Clemente Sisto Urbano Cornelio
Leone Gregorio)

+ SanCtI ILARII MARTINI REMEDII MAVRICII DIONISII
BENEDICTI SEVERI ET IN HONORE OMNIVm CONFESSORVm
(Santi Ilario Martino Rimedio Maurizio Dionisio Benedetto Severo ed
in onore di tutti i proclamatori della fede cristiana)

+ DomiNI SALVATORIS SCI PETRI PAVLI ANDREE ET IN
HONORE   OMNIVm   APOSTOLORVm   ATQUE   OMNIVm
SanCtORVM
(Signore Salvatore i Santi Pietro Paolo Andrea ed in onore di tutti gli
Apostoli e di tutti i Santi)

+   SanCtaE   MARIE   IONBAPTISTE   STEFANI   LAVRENTI
SEBASTIANI   SAVINI   ELEVTHERI   VICTORINI   ANTHIE
ANATOLIE VICTORIE ET IN HONORE OMNIVm MARTIRVm
(Santi Maria Giovanni Battista Stefano Laurento Sebastiano Savino
Eleuterio Vittorino Anthie Anatolia Vittore e in onore di tutti i
martiri)

POST VASTATIONEM SARACINORVm EGO TAKEBRANDVS PECCATOR RENOVARE ET CONSECRARE ROGAVI CVm SINTARI ET PERTO PRBRI TEmPORIBVS DOMiNO IOanHI PAPE ET TOFI EPO CIVITATE REATINE ET RODVLFO REGI AB INCARNACIONEm DomiNI NostRI IHV XPI ANNO NVASENTESIMO VICESIMO QVARTO QVINTA DIE MS DECEBER PER INDICTIO TERTIODECIMO PETRVS EPS CONDIDIT LEO ARCHIPRBT REATINA

(dopo la devastazione dei saraceni io Takebrandus peccatore chiesi di restaurare e di consacrare con Sintari (Sintaro avo di Gisone figlio di Campone di Rieti?) e Pietro Giovanni X papa ed il vescovo Tofi della cittadinanza reatina e Rodolfo re per incarnazione di Dio nostro anno novecentoventesimoquarto quinto giorno di dicembre indizione tredicesima Pietro vescovo ricostruì Leo ....arciprete.. di Rieti).

L'iscrizione commemora la riconsacrazione dell'edificio sacro, ricostruito ad opera di Takebrandus il giorno 5 dicembre 924 dopo la vastationem saracinorum, dal vescovo di Rieti Tofo e dal Re Rodolfo II di Borgogna chiamato in Italia dai grandi feudatari italiani nel 921 ribellatisi a Berengario. lo sconfigge e si fa nominare re d'Italia nel 923.

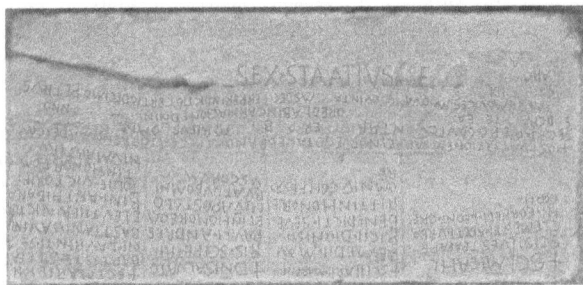

La pietra è un riutilizzo di una precedente iscrizione su cui si legge SEX STAATIUS · SEX · F Sesto Stazio Figlio di Sesto.

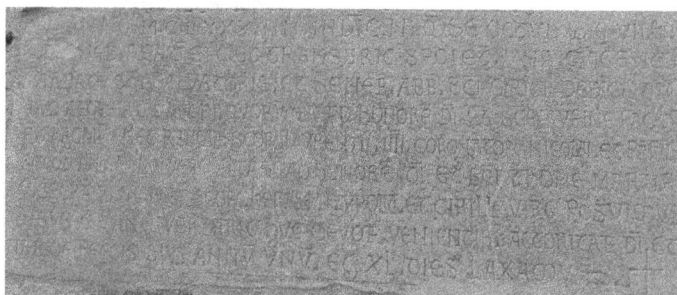

Subito fuori Posta si erge una piccola chiesa romanica, S. Rufina, a navata unica terminante con abside, esternamente percorsa da semicolonne che la circondano. Anche questa chiesa, come quella di S. Silvestro a Collicelle, è riportata nella bolla di Anastasio IV.

Sul lato sinistro entrando nel portone di ingresso incastonato nel muro c'è una pietra scolpita datata 7 ottobre 1184 con la quale si ricorda ai fedeli la presenza dell'abate Senebaldo invitato a celebrare durante l'eucarestia la consacrazione dell'altare alla presenza delle massime autorità religiose il vescovo Dodone di Rieti, il vescovo Transerico di Spoleto e l'abate Gentile del monastero di San Salvatore Maggiore. Dal catalogus baronum rileviamo che Brunamonte "quod tenet a domino Rege in Falagnino et in Comitatu Reatino Rocetum et Turrem..." è il signore di Falagnino.

Nel regesto farfense nel 1102 si trova menzione del castello di Radeto (Raditum) ultimo castello della valle falacrina in buona posizione fra i monti sulla via nursina per Cascia (all'ora Cascia era nel granducato della Contessa Matilde di Canossa). Castel Raito o Colle Raitu era accessibile, raccontano gli anziani, oltre che a piedi, con i cavalli, però, ferrandoli al contrario. Una discreta quantità di documenti di varia natura testimonia che a partire dall'XI secolo lo spostamento di armenti dalla sabina al tavoliere delle Puglie aveva ripreso ad avere una certa consistenza. Tale fervore economico era frutto dello sviluppo della potenza normanna nell'Italia meridionale, i reatini subirono l'assedio delle truppe di Ruggero II di Sicilia, che tra il 1149 e il 1151 distrussero la città costringendola alla resa. Si intraprese allora un'intensa opera di ricostruzione, che culminò con la consacrazione nel 1157 della cripta della cattedrale ad opera del vescovo Dodone.

68

Madonna di C apo d'Acqua.

A cavallo tra il X e l'XI secolo una pastorella rinvenne un'immagine della Vergine, smarrita al tempo delle invasioni saracene, presso una sorgente. Fu costruito lì vicino un santuario Santa Maria in Capite aquae, di questa chiesa se ne parla già nella bolla di papa Lucio III del 1153. Con il terremoto del 1703 andò distrutto quasi l'intero edificio rimase in piedi la parete dell'altare maggiore dove era custodita l'icona. La chiesa venne riedificata con le donazioni dei fedeli nel 1853 e in quello stesso anno fu solennemente consacrata dal vescovo di Rieti monsignor Gaetano Carletti.

SVEVI,ANGIOINI E ARAGONESI

Gli attuali scavi della rocca di Cittareale chiariranno vari dubbi relativamente alla sua fondazione ed eventuali precedenti insediamenti e costruzioni. La rocca è stata costruita con i criteri tipici delle strutture di difesa. La posizione strategica di dominio assoluto dell'intera valle falacrina ed il pianoro atto a ricevere la costruzione principale e le case circostanti avevano le caratteristiche ottimali per la costruzione e/o la ristrutturazione di preesistenti insediamenti. Il pianoro si presenta già adeguatamente protetto dal ripido pendio di questo colle su almeno tre lati e la rocca stessa veniva posta sul vertice nord a garantire sicurezza ed a respingere le mire espansionistiche delle popolazioni di Cascia e Norcia, poste nello stato della Chiesa, che volevano attribuirsi la sovranità su questo territorio. La rocca è stata edificata con una forma triangolare con gli spigoli rinforzati da grossi bastioni troncoconici, il rivestimento e la forma della facciata sono pressoché identici nelle dimensioni e nella struttura al castello di Otranto. La struttura muraria, fino ad ora interrata, si è conservata molto bene e si vedono i conci parallelepipedi di arenaria locale lavorati a mano in maniera regolare eseguiti con tecnica perfetta.

castello di Otranto

71

Per agevolare l'afflusso di nuovi abitanti in questa valle furono concesse agevolazioni ed esenzioni fiscali per anni.La dislocazione delle abitazioni e della rocca ricalca le fondazioni angioine, il tutto era racchiuso all'interno di una cinta muraria, in parte ancora visibile se non fosse stato sepolta, incautamente, sotto uno strato di cemento, nella quale si apriva originariamente una sola porta bastionata nel lato sud-occidentale, come si può vedere osservando il disegno conservato presso l'archivio di Stato aquilano, e *il.*dall'altro lato verso nord attraverso un ponte levatoio si poteva accedere alla rocca.

La strada principale del paese è fuori asse rispetto all'ingresso della rocca per non concedere al nemico la possibilità di poter effettuare una rincorsa con arieti o altri strumenti di attacco per sferrare l'assalto all'accesso fortificato. Federico II per controllare i principali passi appenninici occupa tutti i castelli (castrum) e tutte le rocche a nord del suo regno e li fortifica per difendere e controllare meglio i territori dominati. Nel 1239 il governatore militare della parte settentrionale del regno (capitaneus) Andrea Cicala suggerisce all'imperatore di acquistare un castello nel ducato di Spoleto di proprietà di due fratelli in lite. Quasi sicuramente si tratta del castello di Chiavano che era l'ultimo avamposto del regno oltre tale confine c'era lo Stato Pontificio. Gli abitanti dello Stato Pontificio venivano chiamati papalini mentre gli abitanti del Regno regnicoli. Furono avviate trattative alla fine il castello rimase al ducato di Spoleto. Secondo quanto riferito dall'Antinori: " nel 1293 l'Università di Amatrice ... costituì ....Corrado di Gentile .... Sindico... per comperare in nome d'essa università il Castello di Radeto con pertinenze, Vassalli, servigi e demanij da Abrunamonte e Nicolò di Chiavano. Avevano gli uomini della Valle di Radeto dato già quel Castello a Enrico Padre di quei due Fratelli di Chiavano".

Dal catalogus baronium rileviamo che Brunamonte "quod tenet a domino Rege in Falagnino et in Comitatu Reatino Rocetum et Turrem...." è il signore di Falagnino. Torniamo al 1260, fu un anno storico poiché sulla base di calcoli e previsioni dettati dall'ignoranza e dalla superstizione i Flagellanti attendevano l'Apocalisse influenzati dalla lettura dei testi di San Paolo.

Appartenevano: ai guelfi coloro che speravano di essere aiutati e/o protetti dal Papa; ai ghibellini quelli che invece invocavano l'intervento dell'Imperatore per le questioni interne approfittando del suo appoggio. I flagellanti divennero un vero elemento di sovversione sociale utile agli interessi papali nell'Italia divisa dalle contrapposizioni guelfe e ghibelline. Li guidava Raniero Fasani che, partendo da Perugia, cantando laudi penitenziali e flagellandosi comunicava che la collera di Dio era stata scatenata dalla presenza del figlio del "babilonese" fu chiamato così quando i rapporti tra Federico II e il papato entrarono in crisi. Lo svevo attuò una organizzazione centralizzata considerando monopolio di stato il commercio estero il commercio interno ed alcuni rami dell'industria. Agevolò l'attività commerciale degli ebrei e fece costruire una sinagoga a Trani nel 1247.

Federico II si preoccupava soprattutto di rendere più efficienti e protette le frontiere settentrionali del suo regno contro lo Stato pontificio e contro il ducato di Spoleto. In questa ottica alcuni studiosi ritengono che la edificazione della rocca di Cittareale sia opera del figlio di Federico II Manfredi nell'anno 1261, lo scrive il d'Andreis citando sia Burigny che Di Cesare G. che attingono ad un documento in cui è riportato "De cuius montis incolis iussit Rex construi Civitatem Novam, quae vocatur Regalis, prope Scapellum, in loco ubi Civitatis Apollinis Vestigia subsistebant" utilizzando i ribelli di Erice (vicino Trapani).

Dante così descrive Manfredi nella Divina Commedia III canto del Purgatorio

"biondo era e bello e di gentile aspetto,
ma l'un dè cigli un colpo aveva diviso.
Quand'i mi fui umilmente disdetto
d'averlo visto mai, el disse "or vedi"
e mostrommi una piaga a sommo 'l petto.
Poi sorridendo disse: "io son Manfredi,
nepote di Costanza imperadrice".

Manfredi di Svevia o di Sicilia o Lancia, figlio naturale dell'Imperatore Federico II di Hohenstaufen e della nobile Bianca Lancia, a soli diciotto anni, nella notte fra il 13 e il 14 dicembre del 1250, assistette alla morte del padre Federico II, di ritorno da una battuta di caccia, a Castelfiorentino vicino Foggia in Puglia ed assunse su di sé il compito di difendere il Regno, gli interessi ed il nome di quella che era stata la più potente, invidiata e temuta dinastia del Medio Evo. Nella lista, riportata dallo Sthamer nel suo "L'amministrazion e dei castelli nel Regno di Sicilia sotto Federico II e Carlo d'Angiò", delle fortificazioni del 28 novembre 1269 per la provincia Aprucium si nominano 18 castelli (castrum e rocca) tra cui una Rocca de Intro che secondo il nostro parere dovrebbe essere la Rocca di Cittareale. Carlo II d'Angiò venne chiamato in Italia dal papa per contrastare le pretese di Manfredi sul regno di Sicilia. Papa Urbano IV (papa dal 1261-1264) aveva stretto nel 1263 con Carlo I d'Angiò, fratello del re di Francia Luigi IX il Santo (Poissy 1214 - Tunisi 1270), un accordo in cui Carlo, in cambio dell'appoggio della Chiesa, che non aveva mai gradito l'accerchiamento che gli svevi avevano realizzato con la dominazione del regno di Sicilia e di Germania, si sottometteva ad un rapporto di dipendenza vassallatica.

Tale accordo fu rinnovato da Clemente IV (papa dal 1265 al 1268), che offrì a Carlo la corona di Sicilia. Manfredi era considerato il figlio illegittimo di Federico II, che aveva sottratto nel 1258 a

Corradino la corona di Sicilia, suscitando il malcontento dei baroni svevi e dei Comuni e delle Signorie italiane di parte ghibellina.

Finalmente il Papa poteva attuare il progetto di allontanare dall'Italia la dinastia sveva e restaurarvi la propria incontrastata autorità. La sua inattesa fine aprì numerose crepe nella stabilità dell'Impero e di un Regno agitato dalle pressioni guelfe.

Forse tra i due fratelli s'era aperto un fronte di rivalità, di invidie e di contrapposizioni: Corrado aveva trascorso fin da bambino la sua vita in Germania ed era considerato a tutti gli effetti un tedesco, Manfredi, era il figlio del Sud vissuto accanto al padre. Il papa Urbano IV, nel corso del suo mandato, bandì una crociata contro Manfredi; nominò capo dei contingenti papali Ruggero di Sanseverino, acerrimo oppositore degli Svevi; tentò di contrastare le nozze fra Pietro d'Aragona e Costanza figlia di Manfredi, intervenendo pesantemente su re Giacomo, padre dello sposo.

Il 6 aprile del 1262 scomunicò il sovrano siciliano e invitò a comparirgli davanti per giustificare la condotta della sua corte tacciata di essere estremamente lasciva. Carlo d'Angiò intanto organizzava la sua spedizione con l'ampio sostegno del clero di Francia. Clemente IV investe Carlo d'Angiò della Corona di Sicilia, il 28 giugno 1265. I Francesi raggiunsero Roma nei primi giorni del 1266. Carlo e sua moglie Beatrice vennero incoronati re e regina del Regno il 6 gennaio 1266.

L'Angiò fu infeudato re di Sicilia nella basilica lateranense a Roma dove, alla presenza di Magistrati, Episcopato e Baronie franco-provenzali, prestò nelle mani del cardinale Riccardo Annibaldi il giuramento di vassallaggio alla Chiesa. La guerra per il dominio del Regno di Sicilia fra il Papa e Manfredi era ormai irreversibilmente aperta. Il primo scontro si ebbe il 4 febbraio 1266 saraceni, tedeschi e lombardi si batterono strenuamente ma, dopo sei giorni di furiosi combattimenti, essendo in numero inferiore la città di San Germano cadde nelle mani dei francesi. Il successivo ventisei, la vicenda si concluse drammaticamente sul campo di battaglia alle porte della città di Benevento.

Manfredi mandò a Carlo d'Angiò ambasciatori con proposte di accomodamento ma la risposta di questi fu: "Andate e dite al sultano di Lucera che io voglio battaglia e che oggi o io manderò lui all'inferno o egli manderà me in Paradiso". Nella battaglia con alterne vicende e con una sleale condotta dei soldati angioini e con la diserzione di alcuni baroni pugliesi Manfredi ebbe la peggio.

Quando Manfredi percepì la disfatta, preferì gettarsi nella mischia e morire da valoroso piuttosto che essere fatto prigioniero, presso il ponte di Benevento, infatti, cadde trafitto dai Francesi e, secondo una tradizione riportata dallo stesso Dante, fu sepolto con rispetto dai suoi nemici sotto un tumulo di pietre. Carlo I d'Angiò ed il legato apostolico, il vescovo di Cosenza Bartolomeo Pignatelli, gli negarono la sepoltura cristiana, adducendo come scusa il fatto che Manfredi fosse morto in stato di scomunica.

Il suo corpo fu quindi dissepolto e portato fuori, "a lume spento", dai confini dello Stato della Chiesa. Dante così descrive questo avvenimento:

"Poscia ch'io ebbi rotta la persona
di due punte mortali, io mi rendei,
piangendo, a Quei che volentier perdona.
Orribil furon li peccati miei;
ma la bontà infinita ha sì gran braccia,
che prende ciò che si rivolge a lei.
Se 'l pastor di Cosenza, che a la caccia
di me fu messo per Clemente allora,
avesse in Dio ben detta questa faccia,
l'ossa del corpo mio sarieno ancora
in cò del ponte presso a Benevento,
sotto la guardia de la grave mora.
Or le bagna la pioggia e muove il vento
di fuor dal Regno, quasi lungo il verde,
dov'ei le trasmutò a lume spento"

ed ancora:

"S'el s'adunasse ancor tutta la gente
che già in su la fortunata terra
di Puglia fu del suo sangue dolente
per li troiani e per la lunga guerra
che de l'anella fé sì alte spoglie,
come Livio scrive, che non erra,
con quella che sentio di colpi doglie
per contastare a Ruberto Guiscardo;

76

e l'altra il cui ossame ancor s'accoglie

a Ceperan, là dove fu bugiardo
ciascun pugliese, e là da Tagliacozzo,
dove sanz'arme vinse il vecchio Alardo;
e qual forato suo membro e qual mozzo
mostrasse, d'aequar sarebbe nulla
il modo de la nona bolgia sozzo"

In questo modo si compiva la penetrazione papale e angioina, contro cui nulla aveva potuto la sfortunata discesa di Corradino di Svevia finita tragicamente a Tagliacozzo il 23 agosto 1268. Carlo d'Angiò con un provvedimento del 27 febbraio 1267 insediò una commissione allo scopo di stabilire il valore dei castelli abruzzesi e di verificare l'opportunità di ridurli distruggendoli senza che la cosa, però, fosse di qualche nocumento per la curia pontificia ne furono individuati otto e tra questi troviamo Rocce de Intramontibus.

Ovviamente il rinunciare ad una fortificazione se da un lato contribuiva ad una riduzione dei costi dall'altro aumentava il grado di insicurezza. Ora se effettivamente si fosse avviata la distruzione di questi otto capisaldi non c'è certezza però nella lista, del 31 dicembre 1283, dei castelli le cui guarnigioni dovevano essere pagate con contribuzioni dei comuni non vi è traccia degli otto castelli scelti. Gli Angioini avevano vinto e re Carlo, che pure si fermò brevemente a Melfi nell'autunno del 1269, spostò a Napoli il centro del suo potere, sottraendo alla città del Vulture le rilevanti funzioni politiche ed amministrative.

Carlo d'Angiò non si mostrò sostenitore della Chiesa come lo era stato suo fratello Luigi il Santo. La sua amministrazione in Sicilia fu causa di scandalo per la collettività cristiana che sfociò nei Vespri Siciliani; le sue interferenze con gli Stati Papali ed i suoi trattati con vari comuni non lasciarono dubbi che il suo operato tendeva ad una unificazione d'Italia cosa che la Chiesa aveva sempre ostacolato agli Hohenstaufen.

Il 31 marzo 1282, lunedì dell'Angelo, alcuni soldati francesi avevano offeso alcune donne che uscivano da una chiesa di Palermo dopo aver assistito ai vespri. La vera causa della rivolta fu il duro fiscalismo e la predilezione per Napoli anziché di Palermo e della

77

Sicilia in generale, fino allora al centro del mondo svevo, da parte del regime angioino.

Carlo cercò di occupare Messina, ma le sue truppe, che avevano subito già abbondanti perdite, dovettero allontanarsi all'arrivo degli Aragonesi chiamati in aiuto dai Siciliani. Gli aragonesi subentrano ai francesi in Sicilia con Pietro III, che aveva sposato Costanza, figlia di Manfredi d'Altavilla, la sua incoronazione avvenne a Palermo il 4 settembre 1282.

In quegli anni i rapporti tra Rieti ed i re angioini migliorarono rapidamente per interesse reciproco. Nel 1289 si preferì Rieti come sede per l'incoronazione di re Carlo II d'Angiò da parte di Niccolò IV (papa dal 1288 al 1292 nato a Lisciano Ascoli Piceno) per significare l'importanza raggiunta dalla città come punto di incontro tra le varie componenti del mondo italiano che si era formato dopo la frantumazione dell'impero degli Staufer (o Hohenstaufen) in Italia e dello spostamento del baricentro politico verso la Francia. I commerci e l'influenza di Rieti crebbero notevolmente nei primi anni del regno angioino avvantaggiandosi dell'apertura delle frontiera ai traffici commerciali tra il nord ed il sud della penisola.

Con Leonessa, appena fondata, fu stretto nel 1287 un complesso accordo commerciale.

L'importante castello di Machilone, oggi distrutto, che controllava l'alta valle del Velino ed il «passo» omonimo, si sottomise alla città, fatto questo che costò poi, nel 1299, la distruzione da parte degli aquilani e la successiva nascita di Posta.

Dalla Sicilia gli Aragonesi sbarcarono sul continente dirigendosi verso Napoli. Il papa francese Martino IV (nato a Brie 1210 ca. - Perugia 1285), papa (1281-1285), favorevole agli Angioini, invitò il re di Francia Filippo III l'ardito (nato 1245-1285) ad invadere l'Aragona.

Ebbe così inizio una lunga guerra che si concluse, il 31 agosto 1302, con la pace di Caltabellotta, piccola località montana in provincia di Agrigento, tra Angioini ed Aragonesi, l'atto fu redatte sotto l'occhio attento del Nunzio Apostolico designato nell'Arcivescovo di Cefalù. In base a questo trattato un figlio cadetto della casa aragonese, Federico III, avrebbe conservato la sovranità della Sicilia fino alla sua morte, dopodichè l'isola sarebbe tornata agli Angioini.

La Sicilia restò, invece, definitivamente in mano agli Aragonesi, passando, nel 1329, al ramo principale della casa spagnola.

Del 1331 il frammento riportato dal Cappello "Robertus Dei Gratia Rex, Capitaneis Civitatis Aquilae, et montanine Aprutii officialibus aliis et universitatibus terrarum earum: fide digna repetitis vicibus ad nos deduxit assertio non minus et informatio [...] Universitatis hominum Civitatis Realis et Aprutina provincia nostrorum fidelium nostris auribus patefecit quod homines vallium Raderti, Falagrinae, et terrae Camponeschae ex quibus dictum oppidum est constructum, diversiis oppressionum tediis et inversionum incursibus. Datum in campo [...] De Stabia per Ioannem Guilem de Salerno juris civilis professorum vicesgerentem protonotarii regni siciliae .A.D. 1332 die 14 mensis Augusti, XIX Indict. Regno nostri anno XXIV" il re Roberto dispone misure di sicurezza con l'istituzione di un oppidum per le popolazioni delle tre valli Radeto Falacrina e le Terre Camponesche. In aggiunta alla naturale difesa dei monti che chiudevano i confini del regno, non apportò notevoli squilibri nella zona fino al regno di Giovanna I (dal 1343 al 1382) che indebolì l'intero regno e in particolare Cittareale, oggetto di contesa in quegli anni e successivamente dominata.

L'arrivo di Ludovico il Bavaro rinvigorì i sentimenti di riscossa degli esponenti della fazione ghibellina (favorevole all'Imperatore) reatina, che non riuscirono però a tornare al governo della città. Nel 1344 si tentò una pacificazione generale con la concessione ai ghibellini di rientrare in città e con la cancellazione di tutti i processi a loro carico.

A Roma intanto Cola di Rienzo propugnava una idea confederativa italiana, basata sulla supremazia di Roma. Tale supremazia, non doveva intendersi eventualmente come imperio sugli altri Comuni e Signorie, ma come indirizzo e guida per l'elezione dell'Imperatore, che sarebbe dovuto essere italiano.

Rieti si schierò al suo fianco ed i ghibellini tornarono nuovamente a riaffermare la loro autorità sulla città. La morte nera, la peste del 1348, ed il successivo terremoto del 9 settembre 1349 causarono a Rieti e dintorni un gran numero di morti e gravi danni agli edifici. Nel 1350 Rieti rimase ghibellina ed era sotto il controllo del prefetto Giovanni di Vico, che governò per mezzo di Giannotto d'Alviano.

Nel 1352, poi, Luzio Alfani, gonfaloniere e vessillifero, e Pietro Bonaventura, priore, rifiutarono di concedere ospitalità ai nunzi pontifici che tornavano da Napoli dopo aver assistito all'incoronazione della regina Giovanna I.

Domenica 20 aprile del 1354, i guelfi armati scesero in piazza al grido «muoiano i ghibellini», che dal canto loro risposero e, dopo una battaglia cruenta che causò un rilevante numero di morti, ripresero il controllo della città dalla quale scacciarono i principali esponenti di rilievo di parte guelfa. Il 7 novembre del 1354 Rieti si arrende all'Albornoz rinunciando a ritagliarsi spazi di autonomia profittando della distanza e della debolezza del regno napoletano, intenzionato, invece, ad inglobare nei suoi confini la città ed i suoi dintorni. La sottomissione al cardinale spagnolo e poi nel 1376 ai poteri conferiti a Cecco Alfani non comportò particolari rivolgimenti nell'assetto del governo cittadino, con i ghibellini che mantennero il governo della città di Rieti. L'Antinori scrive nel Corografia storica degli Abruzzi e dei luoghi circonvicini Bologna 1980 "nel 1375 s'hanno menzioni delle Chiese di S. Antonio, di S. Pietro e di S. Spirito di Civita Reale, cui per testamento lasciò legati Nicola di Allone di Colle Leonassovo di Civita Reale, come ne lasciò ancora il popolo della villa di Conca".

CARLO V, FRANCESCO I ED I MEDICI

Nel 1421 Cittareale venne annessa al contado aquilano dalla regina Giovanna II D'Angiò detta Giovannetta (1371- 1435) di Napoli, figlia del re Carlo III e Margherita di Durazzo, in quanto gli aquilani sostenevano che da sempre questa zona fosse alle loro dipendenze.

Nel 1428 Cittareale dopo 4 anni di guerre con Amatrice era stata praticamente distrutta e la popolazione decimata dalla fame e dalle malattie fu sottomessa dalle forze coalizzate di Amatrice, Accumoli e Ascoli che miravano alla conquista di questo territorio per costruirvi un punto di difesa contro gli aquilani e tenerli quindi a debita distanza dal loro territorio.

La famiglia Camponeschi che governava L'Aquila, ricacciata dai propri territori dal successore di Giovanna I, re Ladislao, si impossessò di tutto il territorio della valle del Velino, quindi di Cittareale. Durante la sottomissione a questa famiglia si registrò un aumento notevole della popolazione, la rifioritura delle attività antiche e la ripresa di uno sviluppo al passo con i tempi.

Risale a questo periodo la costruzione della chiesa di S.Maria Assunta, ancora danneggiata dal tempo e dai terremoti, ed è nostra opinione che sia stata fondata su qualcosa di preesistente di notevole importanza.

La ricostruzione della rocca di Cittareale è parte di un sistema di difesa dei confini del Regno del Sud voluto dal re. La struttura che è stata riportata alla luce in questi ultimi tempi è quella realizzata tra il 1479 e il 1494, da Ferdinando I (Ferrante) d'Aragona (1431-1494) che fu re di Napoli dal 1458, succedendo ad Alfonso I d'Aragona quale figlio naturale seppure illegittimo nel 1458.

Innocenzo VIII Giovanni Battista Cibo (Genova 1432 – 25 luglio 1492), papa dal 1484, voleva ristabilire nel Napoletano quei diritti di sovranità della Chiesa, che Sisto IV aveva trascurati, domandò a

Ferdinando il tributo in denaro che il regno doveva alla Santa Sede; ma il sovrano, avvalendosi della concessione ricevuta dal precedente Pontefice, nel giorno di San Pietro del 1475 gli mandò in segno di vassallaggio una chinea riccamente bardata, cioè il dono di un cavallo bianco ammaestrato che a passo d'ambio si inginocchiava davanti al Pontefice e offriva un tributo di 7.000 ducati, che Innocenzo VIII rifiutò perché non in linea con quanto dovuto.

L'Aquila riconosceva la sovranità del re di Napoli, ma manteneva tutti i privilegi di una repubblica, eleggendo i propri magistrati, imponendo e riscuotendo le imposte, stipulando trattati ed alleanze e rimanendo priva di un presidio militare dipendente dal re.

In quel periodo la famiglia dei conti Lalli di Montorio aveva una gandissima autorità in Aquila. Il duca di Calabria, volendo togliere agli Aquilani i privilegi che avevano, pensò di privarli del loro cittadino più importante e potente Pietro di Montorio. Il conte Pietro di Montorio si trovava a Chieti, con l'esercito che aveva ricondotto dalla guerra di Ferrara, viene invitato dal Duca che lo fa arrestare e spedire a Napoli (28 giugno).

Dopo questo fatto Ferdinando I mandò ad occupare improvvisamente la città dell'Aquila. I magistrati dell'Aquila gli chiesero di ritirare le truppe e rispettare i privilegi. Il 28 ottobre, non avendo avuto ragione delle loro richieste, i cittadini aquilani assalirono i soldati napoletani, che furono scacciati. Gli aquilani si dichiararono liberi mandando ambasciatori al Pontefice pregandolo di accoglierli sotto la sua protezione e di difenderli dal regno di Napoli.

Innocenzo VIII, i cui rapporti con Ferdinando erano già tesi per la questione dei tributi non pagati nella misura richiesta, accettò di assumere la protezione degli aquilani mandando soldati pontifici a l'Aquila. L'invio dei soldati rappresentava una esplicita dichiarazione di guerra. In aggiunta, il papa aveva visto che i baroni napoletani, capitanati da Antonello Petrucci e Francesco Coppola, che da molto tempo tramavano contro Ferdinando a causa del suo assolutismo, potevano essere alleati del Pontefice e, pertanto, cominciò a trattare con loro.

Ferdinando, sperando forse di calmare e togliere al Papa il pretesto di intervenire, liberò dalla prigione il conte di Montorio quindi tentò di blandire i baroni e li invitò a Napoli. Soltanto tre, il conte di Fondi, il duca d'Amalfi e il principe di Taranto, vi si recarono gli altri, temendo di cadere nelle mani del re, si radunarono a Melfi. A questa riunione intervennero il Petrucci, il Coppola, ed i baroni del sud per organizzare la rivolta contro Alfonso.

Prima di muovere contro il Pontefice e i baroni ribelli, Ferdinando voleva esser sicuro dell'aiuto dei suoi alleati, Fiorentini e Milanesi.

Mandò quindi ambasciatori a Lorenzo de' Medici e a Ludovico il Moro ed ottenne che nell'autunno assoldassero e mandassero nello stato della Chiesa il conte di Pitigliano, il signore di Piombino e vari capitani di casa Orsini.

A sua volta il Pontefice cercò di trarre dalla sua parte la repubblica di Venezia e Renato II di Lorena. Le speranze che questi aveva riposte nell' intervento del Lorenese sfumarono perché Renato II, intento a reclamare l'annullamento presso la corte di Francia. del testamento dell'avo che l'aveva escluso dall'eredità, non volle tentare un' impresa di dubbio esito e declinò l'offerta dell'investitura del reame napoletano.

Nel medesimo tempo Ferdinando avviava trattative con i baroni ribelli. Per meglio indurli a ritornare all'obbedienza, egli mandò come ambasciatore presso di loro, il suo secondogenito Federico, che per il suo carattere mite, la bontà dell'animo e l'alto intelletto, era amato da tutti. I baroni, temendo che il re volesse ingannarli, proposero a Federico di ribellarsi al padre e gli offrirono la corona; Federico rifiutò la soluzione proposta i baroni lo trattennero in ostaggio.

La sua ascesa al potere fu però ostacolata dall'allora pontefice Callisto III. L'aragonese, pose fine alla guerra di confine in cui vennero coinvolte Cascia, Norcia, L'Aquila ed Amatrice e nell'ambito della quale Cittareale e la sua rocca subirono gravi danni soprattutto a causa delle incursioni degli amatriciani che, persa la guerra, furono condannati a risarcire e ricostruire quanto era stato distrutto dell'antica Falacrinae.

Cittareale ed Amatrice non potendosi combattere con i propri mezzi, non persero l'occasione di schierarsi l'una contro l'altra parteggiando Cittareale in favore di Carlo V di Spagna ed Amatrice di Francesco I di Francia. Il 28 febbraio 1528 Amatrice fu assalita e rasa al suolo da Filiberto di Chalons principe d'Orange e ricondotta all'obbedienza dell'imperatore spagnolo.

La pianta urbanistica di Amatrice dei nostri giorni mostra un piano studiato opera di Nicola (o Cola) Filotesio detto anche Cola dell'Amatrice che poté operare su una città da ricostruire è questa una caratteristica che poche città rinascimentali dell'Italia centrale hanno. Carlo V, prevalendo nel conflitto nel 1536 dichiarò, come era stato qualche tempo prima, Cittareale possedimento regio esentando i suoi abitanti dal pagamento di qualsiasi tributo.

Nel 1503 il re Ferdinando, figlio d'Alfonso II, lascia a Napoli, in qualità di vicerè il gran Capitano Consalvo Ferrandez e vicere' d'Abruzzo e generale di Spagna Fabrizio Colonna. Fabrizio Colonna si trasferisce quindi a l'Aquila nomina Tesoriere generale Pietro Santacroce, fuggito da Roma dopo che era caduto in disgrazia di papa Alessandro VI (Rodrigo Borgia 1492 -1503) e presso Pietro Santacroce si trasferì l'ex governatore di Ascoli per conto di Alessandro VI Giacomo Alberini, gia' commilitone del Colonna alla morte del papa, con l'ascesa di Giulio II, d'altro indirizzo politico rispetto ai Borgia, termina il suo mandato di governatore romano ad Ascoli Piceno, trasferendosi nei suoi possedimenti di Cittareale, fuori dello Stato Pontificio, al confine del regno di Napoli e Sicilia.

Nel 1504 Accumoli supplicava il Vicere' d'essere trattata come le altre terre montane. Nel 1505 il Camerlengo e Cinque dell'Aquila e Ludovico Franco conte di Montorio spediscono "patente di governatore nelle terre di Civitareale, La Posta e Borbona per l'anno seguente a Pietro Lucentino de Piccolomini. Dato nella Camera, a 30 Dicembre 1505."da Regesto Antinoriano" Nel 1505, con "patente in data 30 Dicembre, la Camera Aquilana e il conte Lodovico Franchi stabilirono di riunire le terre de l'Aposta, Borbona e Civita Reale sotto l'autorità di un unico governatore.

Si allentavano così i legami col Capitano dell'Aquila. Nel 1505. Egli colla Camera Aquilana fece governatore di Civitareale d'Aposta e di Borbona quel Pietro Lucentini che aveva dato quell'avviso che pare avere con cio' avviato qualche ispezione sulla Rocca.

Nel 1507 venne in Napoli Ferdinando il Cattolico e confermò quanto fatto dal vicerè, quindi ritornò in Spagna conducendo però con se il Consalvo. dal governo delle terre montane)".

Nel 1512 Giulio II, una volta sottomessi i veneziani liberandone le romagne strinse una lega santa contro tutti gli stranieri e specialmente contro i Francesi (4 ottobre 1511) per fronteggiare le truppe di Gastone e di Foix invitò le truppe spagnole di Raimondo di Cordova re di Napoli, esse provenendo da Cittareale, passarono a Norcia e a Visso, per dirigersi verso Ravenna, ove ebbero una solenne sconfitta il 12 aprile 1512.

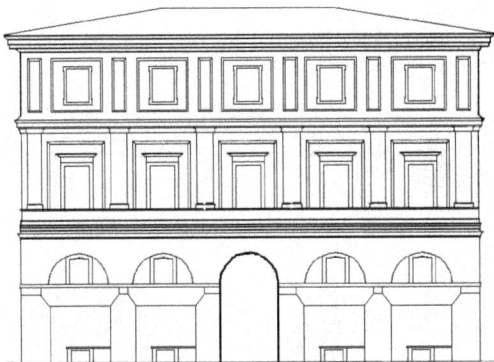

Palazzo Alberini nel rione Ponte a Roma

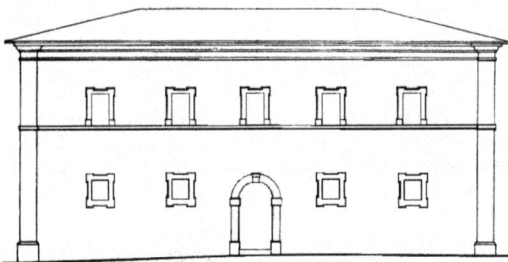

Palazzo Alberini o Palazzo a Cupello Cittareale

A Roma Giulio Alberini fa costruire un palazzo nel 1515 su disegno, dicono, di Giulio Romano "fu considerato il più bel palazzo della contrada (che pur comprendeva le abitazioni dei più ricchi banchieri del momento)" dice Angelo Ascanio nel suo libro Gli Alberini. Giacomo Alberini figlio di Giulio dopo la parentesi di governatore di Ascoli Piceno torna a Cittareale e vi risiederà.

Nel 1572 in S. Rufina si svolse la cerimonia di insediamento di Margherita d'Austria, feudataria di Posta e di Borbona. Nel Cinquecento venne infeudata ai Vitelli, come Amatrice.

Cittareale in una carta geografica realizzata in Vaticano da Egnazio Danti (1540) matematico e cartografo in una ulteriore carta geografica dello stesso autore pone Falagrina alla sinistra di Civita reale e tra di loro una località con il nome Il Cardinale.

LIBER STATUS ANIMARUM

Nel 1613 Cittareale venne eretta a ducato e infeudata alla famiglia spagnola degli Idiasquez. I dati sulla popolazione di Cittareale che qui vengono riportati sono stati trascritti dai Liber Status Animarum degli anni 1649-1681-1687 e 1697 consultati presso l'abitazione del parroco Don Augusto Rampazzo del comune di Cittareale .

Liber Status Animarum della Parrocchia di S.Silvestro di Cittareale anno 1687

Abitanti per ciascuna frazione nel 1600

Frazione	1649	1681	1687	1697
Cittareale	82	62	62	49
Casa di Nicolò	5	15	13	16
Casa do Giacomo Filippi	3	4	3	7
Casa di Zauzza	9	10	9	13
Colle Nasso	11	15	15	17
Colle S.Pietro ora Sciacqua	12	10	10	9
Conca	42	50	48	46
Folgora	-	-	5	4
Hospidale	-	-	7	-
S.Croce	10	6	5	7
S.Giusta	26	27	30	32
S.Vittorino	-	4	2	-
Vezzano	4	-	-	-
Villa Collecelle	-	2	4	7
Villa del Sacco	7	7	6	7
Villa delle Rose	10	12	15	22
Villa di Vetozza	7	6	5	5

Cognomi degli abitanti di Cittareale nel 1600

Alfonzo
Aloisio
Amadio
Armilleo
Balbi
Barbero/i/io
Bianchino
Branantano
Bricca, Brocca
Bucci
Burlini
Camiccia
Camponeschi
Cannavicci/o
Capitanio
Capparone
Chiarone
Ciamocante
Ciurci
Corsetti
Crescentio
Da/Di Fano
Da Terlona
D'Andrea

Del Guercio
Dell'Orso
Di Fuso
Di Santo
Di Sonno
Ferrocci
Filippi
Gentilo
Germano
Giovannelle/i
Guercio
Guidone
Jacovitti
Janni
Laschiri
Lilli
Lonardo
Marchion
Marcone
Mariani
Marino/i
Mariscotto/i
Marrone
Martinelli

Mastrella
Mattia
Micozzi
Minucci
Morelli/Murelli
Nelli
Nicolò
Organtini d'Annibali
Pagani
Paglioni
Ranallo
Reale
Santecchia
Savio, Savo
Scaletta
Sciagnia
Sgurgia
Silvestri
Spacone
Taliano
Taraglia
Tomei/o
Zerenga

Nomi degli abitanti di Cittareale nel 1600

Agata	Damia	Laura	Palma
Agnese	Dionisio	Lelia	Paol o, a
Agostin o, a	Disonora	Leonardo	Pasqu a, ale, ino
Aleandra	Domenico, a	Livia	Paula
Alesio	Domitilla	Locretia	Petronilla
Alessandro	Dorot ea, hea	Lonardo	Pia
Alimento	Elisabetta	Lorenz o, a	Piercarlosebastiano
Andrea	Epifania	Loret o, a	Pietr'Antonio
Angel o, a	Eugenia	Luca	Pietro
Angelagostina	Eusebia	Lucia	Pietrosilvestro
Anna	Fabritia	Lucidonia	Pompeo
Annamaria	Felice	Lucretia	Portiantonia
Annunziangelo	Felice Giovanna	Maddalena	Portiastella
Antonella	Felicita	Marco	Puol'Antonio
Antoni o, a	Ferdinando	Margarita	Rita
Anton'Ilario	Filippo	Maria	Ritacatarina
Antonilla	Filomena	Maria Cecilia	Rocco
Bartolomeo	Finisca	Maria Giovanna	Rosa
Bastiana	Flavia	Maria Madalena	Sabina
Beatrice	Francesc o, a	Mariangela	Sant o, a, i
Benedett o, a	Fulvio	Marianna	Savo
Beralda	Gaetano	Mariantonia	Sebastian o,a
Berardino, a	Gasparro	Maria Vincenza	Serrafina
Bernardina	Giacomo	Marsilia	Sicunilla
Biagio o Biascio	Gio:Antonio	Marta	Silverio
Brigita	Gio:Batt a, ista	Martiantonia	Silvestro
Camilla	Gio:Benedetto	Martinello	Sirio
Candeloro	Gio:Carlo	Martino	Stefano
Carl'Antonio	Gio:Francesco	Matt eo, ia	Tomasso
Carlo	Gio:Juliano	Michelangelo	Tullia
Carlobiagio	Gio:Marino	Michele	Urbinia
Carlogioacchino	Gio:Paolo	Minerva	Valentino
Casandra	Giorgio	Miralda	Veronica
Catar ena, ina	Gioseppantonio	Modesta	Vincenzo
Catarina	Giuseppe	Nicola	Violante
Crescenti o, a	Giovann i, a	Nicolantonio	Visitata
Chiara	Girolama	Nobia	Vitangela
Colonnella	Gironimo	Norascen to, zo	Vittoria
Cecilia	Giulia	Oratio	Zenobia
Cesare	Graziano	Ottavia	

Damaso   Innocentia   Pacifica

Elenco dei terremoti che hanno coinvolto l'alta valle del Velino nei secoli

GG	MM	AAAA	HH	MM	Area dei massimi effetti	intensità epicentro x 10
		-174			Sabina	100
		-99			Norcia	80
		-76			Rieti	100
		1277			Spoleto	80
1	12	1298			Reatino	85
3	12	1315	9	30	Italia centrale	90
1	12	1328			Norcia	100
9	9	1349			Aquilano	95
2	2	1477			Foligno	75
		1502			Rieti	70
5	11	1599			Cascia	85
	7	1627			Accumuli	75
7	10	1639	0	30	Amatrice	100
28	4	1646			L'Aquila	55
18	10	1702			Norcia	70
14	1	1703	18		Appennino reatino	110
2	2	1703	11	5	Aquilano	100
4	10	1716			Cascia	70
27	6	1719			Alta Valnerina	75
12	5	1730	4	45	Norcia	85
1	2	1750			L'Aquila	65
	1	1760			M.Terminillo	70
6	10	1762	12	10	Aquilano	90
25	12	1766			Umbria	70
3	9	1815			Norcia	75
22	3	1821			Rieti	70
22	8	1859			Norcia	85
24	2	1874	6	52	L'Aquila	55
11	3	1881	22	50	Spoleto	55
26	5	1882	4	15	Cascia	65
7	11	1883	3		Accumoli	70
25	8	1895	0	5	Cascia	60
27	6	1898	23	38	Rieti	75
25	8	1898			Visso	70
23	10	1902	8	51	Reatino	60
26	5	1903	21	7	Rieti	55

GG	MM	AAAA	HH	MM	Area dei massimi effetti	intensità epicentro x 10
1	7	1906	0	50	Antrodoco	60
16	1	1908	10	27	L'Aquila	60
22	12	1910	12	34	Accumoli	70
28	5	1911	13	52	L'Aquila	60
9	9	1911	11	32	L'Aquila	60
16	9	1915	3	58	Cascia	60
22	4	1916	4	33	Aquilano	65
4	7	1916	5	6	Monti Sibillini	65
16	11	1916	6	35	Cittareale	75
7	10	1930	9	18	Cascia	60
14	3	1960	4	44	Marsica	70
16	3	1960	1	52	Cittareale	60
31	10	1961	13	37	Antrodoco	75
25	1	1963	5	27	Visso	60
2	2	1963	19	34	Rieti	70
21	7	1963	11	9	Amatrice	60
2	4	1971	1	43	Cascia	60
4	10	1971	16	43	Norcia	65
19	9	1979	21	35	Valnerina	85
7	5	1984	17	49	Appennino abruzzese	80
26	9	1997	9	40	Appennino umbro	85
26	3	1998	16	26	Appennino umbro	60
15	8	1998	5	18	Monti Reatini	55

Dati rilevati da Istituto Nazionale di Geofisica e Vulcanologia

A proposito dei terremoti del 1702-1703 più precisamente quello delle ore 18.00 della domenica del 14 gennaio 1703 si racconta che "..più della metà della popolazione era rimasta seppellita. Intere famiglie erano completamente scomparse, interi villaggi inghiottiti dalla furia del terremoto.." questa affermazione viene fatta da Antonio D'Andreis nel suo libro "Cittareale e la sua valle" a pag. 63. Dai Liber Status Animarum del 1600, se confrontiamo i dati precedenti il sisma con quelli immediatamente successivi, possiamo desumere che analizzando una frazione qualsiasi ad esempio Conca questa nel periodo in esame era abitata da una cinquantina di persone di tutte le età

Liber Status Animarum	1649	1681	1687	1697	1706
CONCA abitanti	42	50	48	46	49

In particolare nel liber status animarum del 1706 a tre anni dal terremoto, sempre a Conca, la popolazione riportata era di 49 unità e quindi con la stessa quantità numerica degli anni precedenti. Questa verifica è stata fatta anche su altre frazioni del comprensorio senza apprezzabili variazioni. Pertanto possiamo concludere che nel comune di Cittareale a seguito del terremoto ci sono state alcune perdite di vite umane, infatti due sacerdoti pare siano periti sotto i crolli, grandi spaventi, qualche casa sarà stata lesionata qualche altra sarà crollata ma non si è verificata la scomparsa della metà della popolazione.

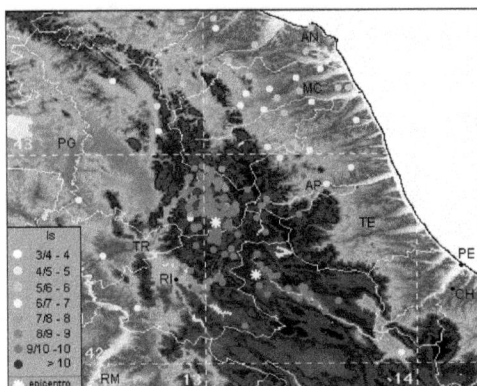

93

Terremoto del 14 gennaio 1703 Area epicentrale NORCIA da uno Studio del 1987 di Massimiliano Stucchi e Giancarlo Monachesi.

ASBURGO E BORBONE

Catasto Civita Reale, e sue Ville fatto da noi Lorenzo Natale, e Rocco mio figlio publici Catastieri, e misuratori del Castello di Rovere Dioce...

Stemma Civite Realis

Nell'anno 1700 viene redatto a Cittareale dai catastieri pubblici Lorenzo Natale ed il figlio Rocco Natale il catasto su ordine del Re Carlo II d'Asburgo. Catasto cioè registro atto a stabilire attraverso un inventario preciso le proprietà fondiarie in maniera tale da poter permettere una più equa imposizione delle tasse.

Pagina del Catasto del 1700

La mappa catastale serviva per l'imposta fondiaria: i fondi venivano tassati in rapporto al loro reddito. Questa riforma aveva un vantaggio sociale, perché faceva emergere chiaramente le ricchezze fondiarie, rendendo maggiormente perequate le imposte, dal momento che la tassa era imposta sulle reali proprietà dei sudditi.

97

Il ramo spagnolo asburgico era giunto all'estinzione con Carlo IIprivo di eredi diretti. Si presentava così il problema della successione al trono di Spagna sul quale avanzavano pretese sia Luigi XIV (1638-1715) che l'Imperatore Leopoldo I d'Asburgo: entrambi infatti avevano sposato le due sorelle di Carlo II, la maggiore, il Re francese, la minore l'Asburgo. Per varie ragioni, Carlo II d'Asburgo nominò nel suo testamento erede universale Filippo d'Angiò, nipote di Luigi XIV , con la clausola che avrebbe dovuto rinunciare ai suoi diritti sulla Corona di Francia; in subordine nominò l'Arciduca Carlo d'Asburgo, secondogenito dell'Imperatore Leopoldo. Nel 1700 muore Carlo II, Filippo d'Angiò sale come stabilito sul Trono di Madrid col titolo di Filippo V. Carlo III (Madrid 1716-1788) Borbone figlio di Filippo V e di Elisabetta Farnese dopo la sconfitta degli Austriaci a Bitonto reinstaura la dominazione spagnola nel meridione d'Italia. In Italia si chiamava Carlo (si faceva chiamare solo con il nome senza aggiungere il numero d'ordine) mentre in Spagna era Carlo III. Stabilì la sua corte a Napoli, si assistette alla formazione dei baroni feudali e lobbies di magistrati che in cambio di privilegi e rendite indirizzavano e facevano propria la politica spagnola in Italia. Carlo sposa Maria Amalia di Sassonia ed ottiene il riconoscimento, da parte delle grandi Potenze, dell'autonomia del regno. Un regno e quindi una città Napoli che dopo la dominazione aragonese ed il breve periodo di reggenza austriaca con i Borbone torna ad essere la seconda città più popolosa dell'Europa occidentale con 360.000 abitanti che diventano 441.000 all'inizio del secolo XIX. Napoli centro culturale tra i più importanti in Europa. Carlo promosse la costruzione di palazzi per rendere più bella la città di Napoli, quali la Reggia di Caserta, la reggia di Capodimonte, il Teatro San Carlo, ecc.. Carlo III lasciò Napoli al figlio Ferdinando IV (poi Ferdinando I re delle due Sicilie) dopo 25 anni di regno, dopo la morte del padre per salire sul trono di Spagna. Quando lasciò Napoli, i sudditi lo rimpiansero a lungo, Salì al trono il giovanissimo figlio di Carlo a soli 8 anni che fu affiancato da Bernardo Tanucci reggente che proseguì la politica di Carlo per dieci anni fino alla maggiore età di Ferdinando I. Il Borbone, ormai maggiorenne, sposa (1768) Maria Carolina figlia di Maria Teresa dei Lorena-Asburgo (Austriaca) era sorella della sfortunata regina dei francesi, Maria Antonietta, finita sulla ghigliottina, ossessionata dalle idee di libertà e uguaglianza che si stavano diffondendo anche a Napoli con la Rivoluzione Francese, licenziò ben presto il Tanucci. La moglie influenzò gli indirizzi di politica estera passando dalla sfera spagnola a quella austro-asburgico-inglese e come politica interna proseguì alcune riforme scolastiche, ecclesiastiche e feudali già precedentemente avviate dal padre. Rieti diviene di nuovo una città protagonista, a causa della sua collocazione alla frontiera, per l'alternarsi delle vicende belliche tra francesi e napoletani, dopo la dichiarazione di guerra di re Ferdinando IV di Borbone alla repubblica francese nel 1798. Le truppe borboniche, formate da una leva di massa nuova ma male addestrate e scarsamente equipaggiate, anche se affiancate dalle esperte bande di Frà Diavolo (il sedicente colonnello Michele Pezza di Itri 1771-1806) e di Mammone (Gaetano Mammone di Sora), non poterono arrestare la vittoriosa avanzata francese su Napoli che si concluse il 21 Gennaio 1799 con la proclamazione della Repubblica Partenopea.

LUOGHI DI CULTO NELLA ZONA DI CITTAREALE

	Nome del luogo di Culto				Note storiche			
1	S. Angelus de Civita Regali	M				1438		
2	S. Angelus de Sanguineto	E			1398			1779
3	S. Angelus de Venis	H			1398		1614	1779
4	S. Catharina intra muros Civitatis Regalis	E					1614	
5	S. Crux	E			1398		1614	1779
6	S. Iohannes	E			1398			1779
7	S. Iohannes de Planeza	E			1398	1438		1779
8	S. Iohannis de Rosis	E			1398			1779
9	S. Iusta	E			1398			1779
10	S. Laurentius de Cocer.	E			1398			1779
11	S. Maria in Capite aquae	E	1153	1182	1398			1779
12	S. Maria de Columella	E			1398			1779
13	S. Maria de Platea	E					1614	
14	S. Maria in Pupillo	E	1153	1182	1398			1779
15	S. Maria de Turre	E			1398			1779
16	S. Nicolaus de Radito	E			1398		1614	1779
17	S. Petrus de Castro Abbati	E			1398			1779
18	S. Petrus de Conca	E			1398			1779
19	S. Petrus de Rocca	E			1398		1614	1779
20	S. Petrus de Rota	E			1398		1614	1779
21	S. Petrus de Conca	E			1398		1614	1779
22	S. Silvester in Falarina	E	1153	1182	1398	1438	1614	1779
23	S. Stephanus	E			1398			1779
24	S. Victor	E			1398			1779
25	S. Victorinus	E		1182	1398		1614	1779

M=monastero E=ecclesia H=Heremitorium

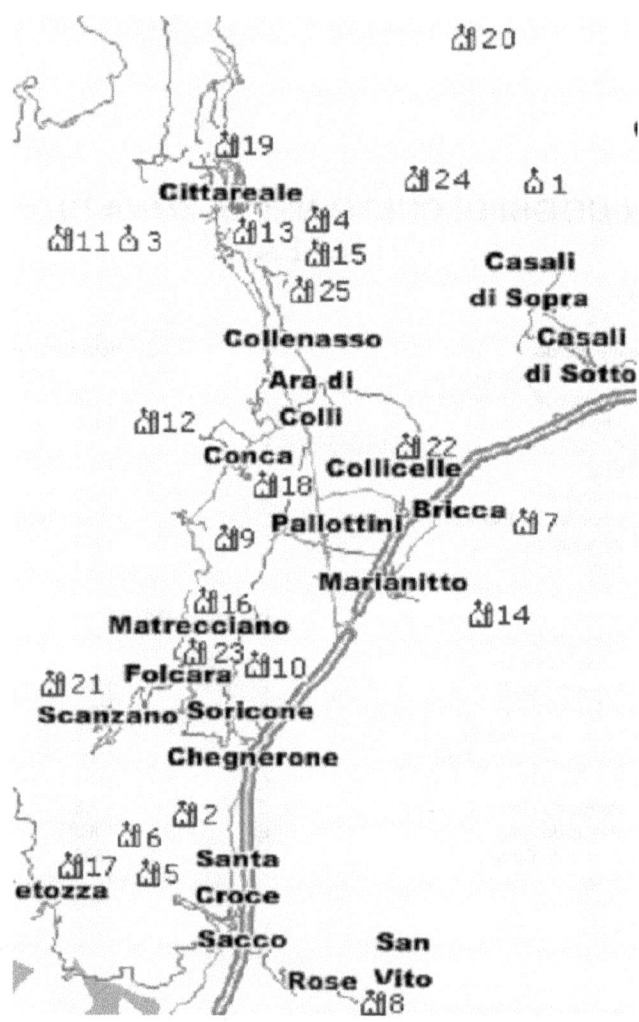

⌂20

⌂19
Cittareale
⌂24   ⌂1
⌂11 ⌂3   ⌂13 ⌂4
⌂15
Casali
di Sopra
⌂25
Collenasso
Casali
di Sotto
Ara di
⌂12   Colli
Conca   ⌂22
⌂18   Collicelle
Pallottini   Bricca ⌂7
⌂9
Marianitto
⌂16
⌂14
Matrecciano
⌂23
⌂21   Folcara ⌂10
Scanzano Soricone
Chegnerone
⌂2
⌂6
⌂17 ⌂5   Santa
etozza   Croce
Sacco   San
Rose Vito
⌂8

102

I luoghi di culto riportati in questo capitolo sono stati censiti negli anni riportati nella tabella.

TITOLO	NUMERO
S. Maria	**CIR11**

VOCABOLO
Capite aquae (in)

TIPOLOGIA
in Suburbio Reatinae Civitatis

TOPONIMO	
MAD.NA DI CAPO D'ACQUA	
COMUNE	
CITTAREALE	
IGM	
139 IV NE	

DIOCESI ORIGINARIA
RIETI

TITOLI SUCCESSIVI	ANNO
S. Maria de Capite aque	1398
S. Maria di Capo d'Acqua	1779-1813
Madonna di Capodacqua	1981. 1994

NOTE STORICHE	ANNO
Monastero	1182
Esiste a piedi de la montagna che dicesi di Capo d'Acqua	1779-1813
Santuario; distrutto dal terremoto del 1703 e riconsacrato nel 1853	1981. 1994

DOCUMENTI	ANNO
Bolla di Anastasio IV	**1153**
Bolla di Lucio III	1182
Di Flavio, 1989, n°117	1398
Marini, n°117	1779-1813
T.C.I., Lazio. p.481	1981
Annuario Diocesano, p.168	1994

DIOCESI SUCCESSIVE

NOTE
SCHEDATURA: risultano schede OA della SBAS al 1972 e al 1977

Scheda del santuario della Madonna di capo d'Acqua

CITTAREALE NEL 1800

Il 1799 Ferdinando I fu cacciato da Napoli dalle truppe francesi, nel sanguinoso dramma della Repubblica Partenopea e fu costretto a riparare in Sicilia, vi ritornò con l'aiuto dei sanfedisti e degli inglesi, ma alcuni anni dopo, avendo ripreso le armi contro i francesi, sconfitto, fu dichiarato deposto da Napoleone e nuovamente costretto a fuggire in Sicilia. La politica espansionistica di Napoleone aveva portato i francesi sul trono di Napoli, provocando la fuga di Ferdinando IV in Sicilia. Questo periodo fu caratterizzato da un'elevata instabilità politica e militare. L'avvento al trono del cognato di Napoleone, Gioacchino Murat, segnò il tentativo per il Regno di Napoli di staccarsi dall'Impero francese. Un'errata valutazione delle forze militari e degli equilibri politici internazionali portò Murat alla perdita del regno ed alla morte per fucilazione dopo un infelice tentativo di sbarco a Pizzo Calabro.Ferdinando riunì i due stati e creò il Regno delle Due Sicilie instaurando di nuovo l'assolutismo monarchico. La seconda fuga contribuì a diminuire il suo prestigio, che si trasformò in disprezzo e ostilità quando ritornerà a Napoli adoperandosi in feroci repressioni. Il re Francesco nominato vicario di Ferdinando IV rifugiatosi in Sicilia, per volere di lord Bentick e della nobiltà locale (ma soprattutto degli inglesi), dovette concedere, contro il parere del padre, una innovativa Costituzione nel 1812 più simile a quella Inglese (a due Camere) che non a quella di Cadice, ma che tuttavia stracciò pochi anni dopo la caduta di Napoleone. Ritornato infatti a Napoli in seguito al Congresso di Vienna (1815), spodestato Murat che lo aveva sostituito sul trono. Nel 1816 Ferdinando IV divenuto Ferdinando I, unificò tutte le regioni nel Regno delle due Sicilie e revocò la Costituzione concessa dal figlio.

La restaurazione borbonica conservò comunque buona parte delle riforme amministrative, dei funzionari e dei ministri murattiani in un rigido assolutismo monarchico. Ciò fomentò la formazione di una forte associazione carbonara, la quale decise per un'insurrezione, capitanata dagli ufficiali Morelli e Silvati e dal generale Guglielmo Pepe. Il re concesse la Costituzione, nominando ancora una volta come vicario il figlio Francesco. La convocazione di Ferdinando al Congresso di Lubiana, il suo voltafaccia e la riconquista del regno con l'esercito austriaco, segnarono, a partire dal 1821, il ripristino dell'assolutismo borbonico. Scoppiati poi i moti rivoluzionari del '20-'21 (Pepe C.) il re sembrò ritornare sui suoi passi promulgando una seconda Costituzione; ma che non esitò a tradirla di nuovo sottomettendosi totalmente alla volontà degli austriaci. Ferdinando II (1810-22.5.1859, figlio di Francesco I e di Maria Isabella Borbone di Spagna, salì al trono nel 1830 alla morte di Francesco a soli venti anni. Nei giorni 7,8 e 9 marzo del 1821 l'esercito guidato da Guglielmo Pepementre era in ritirata da Rieti, fu attaccato dall'esercito austriaco sotto il comando del generale Frimont nelle gole del Velino ad Antrodoco e venne sconfitto. Questa fu la prima battaglia del Risorgimento italiano. Il governo di Francesco fu caratterizzato da ombre e luci, nel 1837 represse nel sangue la rivolta autonomistica e costituzionalista della Sicilia, si debbono a questo re una serie di opere che vedono il regno delle due sicilie cogliere primati quali inaugurazione della prima ferrovia italiana Napoli-Portici nel 1839, la marina mercantile inaugurò il primo battello italiano a vapore in regolare servizio di linea il S. Fernando; primo ponte sospeso in ferro in Italia sul fiume Garigliano; fu collegata attraverso una, per allora, futuristica rete telegrafica Napoli alla Sicilia. Nei primi anni di regno il popolo ebbe la sensazione di una svolta in senso liberale. Fu una illusione che durò poco anzi il nuovo re si chiuse in un assolutismo monarchico e creò una rete di confidenti e poliziotti che garantivano al potere un controllo severo e rigido su qualunque possibile opposizione liberale. Ferdinando II (Re Bomba) fu privo di grandi ideali teso esclusivamente a mantenere il proprio potere in termini assolutistici. Nel 1844 fece giustiziare i fratelli Attilio ed Emilio Bandiera. Nel 1846 viene eletto papa Pio IX. Il 29 gennaio 1848 costretto dai moti insurrezionali in tutta Italia, ed in particolare a Reggio Calabria, Palermo, Messina, nel Cilento e, finalmente, a Napoli, Ferdinando II concesse di nuovo la Costituzione.

Nella guerra tra austriaci e piemontesi inviò in Lombardia contro l'Austria 12.000 uomini al comando del generale Guglielmo PepeLuigi Mercantini nella poesia La spigolatrice di Sapri scritta il 28 Giugno 1857 "Eran trecento, erano giovani e forti..." descrive una delle pagine gloriose del Risorgimento, l'eroica spedizione ad opera di Carlo Pisacane. L'insuccesso contribuì ad unire le forze per rovesciare la situazione politica ed a preparare l'unità d'Italia. Due grandi processi contro gli affiliati all'associazione unitaria dei carbonari e mazziniani sorta a Napoli e di cui facevano parte Carlo Poerio, Silvio Spaventa e Luigi Settembrini, si chiusero con le condanne a morte. Ferdinando II, lasciò il regno ormai in sfacelo al figlio Francesco II di Borbone (1835-1894) che gli successe nel 1859 all'età di 23 anni, questi fece propria la politica paterna e invece di concedere i diritti del popolo si ostinò nel mantenere le prerogative reali che minavano il regno sotto le spinte dei moti insurrezionali in Sicilia e in Basilicata e poi con il successivo sbarco di Giuseppe Garibaldi. Il regno di Francesco II (Francischiello si concluse con l'inutile fuga e difesa a Gaeta, ultimo baluardo borbonico all'inarrestabile avanzata delle truppe garibaldine e piemontesi. L'11.2.1860 Francesco II si arrese ed il regno delle due sicilie passò sotto il governo sabaudo. L'ex regno borbonico privo dell'ordine precedente, non avendo ancora assimilato le nuove riforme promesse e le disattese garanzie di rinnovamento, creò nel popolo malumore e confusione fino a sfociare nel brigantaggio. Le insurrezioni del sud che seguirono furono domate con dure repressioni io e stroncate con l'invio dell'esercito. Il 1927 segna il passaggio di Cittareale dalla provincia dell'Aquila a Rieti.

Questa fotografia mostra l'ingresso del paese di Marianetto come appariva fino alla metà del secolo scorso. Si notano le mucche maremmane con le loro lunghe corna, ormai, scomparse da queste terre, con il giogo, pronte per il lavoro ed una popolazione abbastanza numerosa.

Così appariva intorno agli anni 1960 lo stesso paese, si notano i primi miglioramenti nelle case, ma già questa foto mostra una popolazione diminuita e che inizia a migrare dal paese alla grande città ed in particolare a Roma.

Oggi le case sono quasi tutte ricostruite ma la popolazione stanziale si è ridotta a poche persone. Gli abitanti aumentano invece in modo significativo nel periodo della bella stagione tornando nei luoghi di origine. Queste zone hanno un clima più fresco della capitale e del capoluogo di provincia.

Foto d'epoca della popolazione di Cittareale

CITTAREALE OGGI

Il comune di Cittareale nel Lazio è situato nel cuore dell'appennino al confine con altre regioni Abruzzo Umbria e Marche. Gli abitanti 500 circa per la maggior parte anziani insistono su un territorio con una superficie di 5.897 ettari. Situato ad una quota che partendo da 600 metri s.l.m. sale fino ai 1904 metri del Monte Pozzoni è caratterizzato da una pianura circondata da monti. La zona climatica è del castanetum – fagetum. Pertanto, possiamo trovare, dalla pianura verso i monti, appezzamenti di terreni con colture ortive e prative nelle immediate vicinanza degli insediamenti abitativi, quindi bassa boscaglia con essenze quali cornioli, corbezzoli, ginepro, pino ed altro, mentre i boschi fino a 1500 m. sono tipicamente formati da alberi d'alto fusto quali abeti, ontani, querce di cerro, farnia e rovere. Le sorgenti sono abbondanti e sparse sull'intero territorio comunale a tutte le altezze. Sulle pendici di questi monti sono insediate delle piccolissime frazioni Le Rose Il Sacco Vetozza Mola Coletta Sorecone Cagnerone Folcara Matrecciano Scanzano Cesetta S. Giusta Pallottini Marianetto Conca Zauzza Sciacqua (Colle S. Pietro nel 1600) Collenasso (Colle Leonassorum) Cittareale Trimezzo Bricca Collicelle Ara dei Colli Vezzano Cupello composte ognuna da decine di case alcune disabitate ed abbandonate. Su di un piccolo colle che si erge a ridosso dei monti è situato il comune di Cittareale. Il paese sorge a 1.050m s.l.m. posizionato al centro di un fondale straordinario i Monti Pozzoni. Da queste montagne sgorga il fiume Velino.

La valle Falacrina è ubicata a 121 Km. da Roma 54 Km da Rieti 10 Km. da Amatrice 72 Km da Terni 120 Km da Perugia 60 Km da Ascoli Piceno.

CONCLUSIONI, PROGETTI

Chiedo al lettore, che è stato paziente da leggere fin qui, di essere comprensivo per le eventuali lacune non essendo uno storico ma un appassionato di questi argomenti che ho pazientemente raccolto nel corso di un ventennio. Le nuove generazioni dovranno far tesoro delle esperienze che ci pervengono dal passato, con la consapevolezza che solo attraverso una unità di intenti è possibile ottenere obbiettivi anche ambiziosi.

La nostra generazione fortemente competitiva ha forse peccato in questo senso lasciandosi andare a gelosie ed invidie che hanno danneggiato tutti non contribuendo ad una crescita armonica e continua del paese.

Dobbiamo privilegiare la filosofia del "fare" nel rispetto delle regole anziché quella del "dire". Inoltre, dobbiamo sforzarci tutti insieme a ricostruire un tessuto sociale dove tutti abbiano un ruolo etico, giusto ed omogeneo.

I nostri avi, con le loro capacità artigianali, cioè il competente uso degli strumenti, ed alcuni di essi dotati di grandezza artistica, cioè oltre alla sapienza nell'utilizzo dei mezzi, sentivano con il cuore, hanno creato una ricchezza tale che aspetta soltanto di essere riscoperta e valorizzata.

"L'uomo saggio impara dalla propria esperienza, quello più saggio dall'esperienza degli altri",dice Confucio, dobbiamo far tesoro di questa massima.

I giacimenti culturali, testimoni dell'esperienza dei nostri padri, da loro lasciatici sono certamente più preziosi di qualsiasi bene economico.

Tutti i beni economici (pozzi petroliferi, giacimenti auriferi ecc.) che taluni popoli sfruttano per migliorare il proprio benessere sono una risorsa non rinnovabile pertanto destinata ad essere consumata mentre la nostra, se conservata adeguatamente, rappresenta un bene pressoché eterno.

Le ricchezze nascoste nella valle Falacrina, dimenticate da secoli di abbandono, sono lì che aspettano che noi, ciascuno per la propria parte di conoscenza e competenza, rimboccandoci le maniche, le riportiamo agli antichi splendori attraverso azioni di scavo, di ripristino, di conservazione e di riutilizzo.

Secoli di piogge hanno ingrossato i fiumi che con la loro forza, dovuta al dislivello cercando una via diretta erodendo qualsiasi cosa al loro passaggio hanno trasportato dalle montagne circostanti terra e sassi che si sono stratificati nella valle sottostante dove la forza dei fiumi, si stempera, con anse e spirali più o meno ampie. Alcuni centimetri di detriti coprono antichi resti di Falacrina, tale sembra essere la quota in cui sono stati registrati i ritrovamenti di questi giorni. effettuati dagli studiosi in collaborazione con il Sindaco di Cittareale. Sembrerebbe che siano stati identificati, attraverso strumenti di rilevamento che realizzano profili del sottosuolo senza scavi né carotaggi, un tempio, o mausoleo che poggia su una base quadratra di 15m x 15m di epoca flavia,. e numerosi muri, che si identificherebbero con delle strutture così ampie da far supporre che ci troviamo di fronte a qualcosa di estremamente importante come ville di epoca romana con mosaici.

Alcuni ritrovamenti casuali, non sistematici, si sono già avuti nei tempi passati e sono ora godimento esclusivo di colui che li detiene e dei suoi fortunati amici che possono apprezzarli.

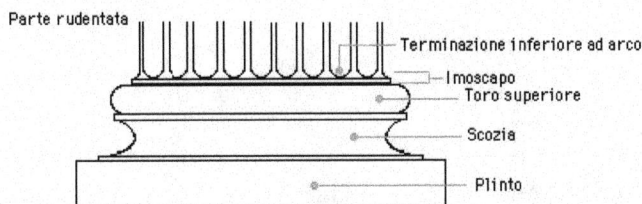

115

Base attica

Vasellame rinvenuto nella zona di Cittareale

116

La campagna di scavi di agosto 2005 porterà sicuramente gli studiosi a fare delle nuove importanti scoperte nella valle Falacrina. Sarà questa una opportunità scientifica da cogliere per ottenere quello sviluppo che questa valle aspetta da molto tempo.

INDICE DEI NOMI

Bibliografia

Agizza Rosa Miti e leggende dell'antica Roma Roma 2004

Alvino Giovanna Antiche strade Lazio Via Salaria Istituto Poligrafico e Zecca dello Stato Roma 2003

Andreotti Giulio Piccola storia di Roma Milano 2000

Antinori Antonio Ludovico Corografia storica degli Abruzzi e dei luoghi circonvicini Bologna 1980

Aquilini Luigi Carlo V Alessandro Vitelli Il feudo di Amatrice Ascoli Piceno 1999

Aquilini Luigi Blasetti Carlo Amatrice dagli angioini agli aragonesi "monografia storico-araldica di un antico comune" Ancona 2004

Armellini Mariano Le chiese di Roma Roma 1982

Ascani Angelo Gli Alberini Città di Castello 1977

Autori varì Federico Cittadella 1994

Autori varì I normanni Venezia 1994

Autori vari La Rocca dei Cittarealesi L'eredità di Federico II dai misteri al riuso Atti del convegnoi Cittareale 2002

Autori vari La salaria in età antica. Atti del convegno di studi Ascoli Piceno Offida Rieti 1997

Autori vari Sulle antiche vie del Lazio Roma 2000

Bridge Antony Dio lo vuole storia delle crociate in terrasanta Milano 1981

Cappello Agostino Osservazioni geologiche e memorie storiche di Accumuli Roma 1825-1829

Cardini Franco Le crociate tra il mito e la storia Roma 1984

Cavallina Paolo Itinerari laziali Pistoia 1979

Cognoli Virgilio Acquasanta Ascoli Piceno 1993

Cozzi Laura G. Le porte di Roma Roma 1968

D'Andreis Antonio Cittareale e la sua valle Roma 1961

Duby Georges Medioevo maschio Amore e matrimonio Milano 1988

Gregorovius Ferdinand Storia di Roma nel Medioevo Roma 1988

Hackett Francio Francesco I Milano 1974

Jones Arnold H.M. Augusto vita di un imperatore Milano 1970

Massimi Andrea Amatrice e le sue ville Roma 2001

Michaele Michele Memorie storiche della città di Rieti e dei paesi circostanti dall'origine all'anno 1560, Rieti 1897

Moscati Sabatino Gli italici l'arte Milano 1983

Palmegiani Francesco Rieti e la regione sabina Roma 1932

Persichetti Niccolò Viaggio archeologico sulla via salaria nel circondario di Cittaducale Roma 1893

Persichetti Niccolò Notizie degli scavi di antichità Roma 1905

Renouard Yves Gli uomini d'affari italiani del Medioevo Milano 1975

Sestan Ernesto Alto Medioevo Firenze 1988

Sestan Ernesto Italia comunale e signorile Firenze 1989

Sestan Ernesto Storiografia dell'otto e novecento Firenze 1991

Sthamer Eduard L'amministrazione dei castelli nel regno di Sicilia sotto Federico II e Carlo d'Angiò Bari 1995

Wyndham Lewis D.B. Carlo Quinto Milano 1974

132

www.ingramcontent.com/pod-product-compliance
Lightning Source LLC
Chambersburg PA
CBHW070834100426
42813CB00003B/618

9781409288824